미니멀 라이프로 꿈꾸는 나의 인생

임희빈, 김은정, 김현아, 이세경,
이영미, 임영신, 장연애, 정윤주

비움 그리고 도전

: 미니멀라이프를 통해 디지털 노마드를 접하다 :

처음 미니멀라이프라는 단어를 만나고 깨끗하게 정리된 주방과 집안 곳곳의 사진들을 보면서 뭔지 모를 강한 끌림을 받게 된 나는 네이버 메인의 리빙판만 구경하던 사람이었다. 그러다 우연히 만난 비움 프로젝트를 통해서 진정한 정리란 비우고 버리는 일이라는 것을 알게 되었다. 물건을 비우게 되니 마음이 정리도 되고, 다른 사람과 비교하지 않는 내 모습 속에서 진정한 나를 찾게 된 이야기, 그리하여 미니멀라이프 전도사가 되었다는 이야기는 미니멀라이프 첫 번째 공저 책인 〈성공한 엄마들의 버리기 기술〉에서 얘기했다.

미니멀라이프는 나를 변화시키기도 하고 여러 가지 새로운 것들도 만나게 했는데, 그중 하나가 디지털 노마드이다. 2019년 11월 우연히 미니멀라이프 비움 프로젝트에 참여하고 있던 나는 휴가지에서도 비움을 계속 해야 했다. 휴가를 떠나기 전에 한곳 한곳 정리를 하여 사진으로 찍어두고 여행을 떠났고, 그곳에서 하루하루 비움을 인증했다.

당시에 나는 이곳저곳을 돌아다니는 관광보다는 휴양지에서 선베드에 누워 책을 읽으며 휴가를 보내고 싶다는 막연한 로망이 있었다. 친구들이 수영장에 물놀이를 하러 간 사이에 그 로망을 이루어 보고자 책을 들고 해변으로 나갔다.

그리고 이 사진을 찍어 비움 프로젝트에 참여하는 오픈채팅방에 공유하였는데 그때 리더님이 답글로 '디지털 노마드+미니멀라이프입니다.'라고 써 주었다. 이때 디지털 노마드라는 단어를 처음 들었다. 너무도 생소한 단어라 인터넷에 그 의미를 찾아보기도 했다. 사전적 의미의 디지털 노마드(Digital nomad)는 어휘 '디지털(digital)'과 '유목민(nomad)'을 합성한 신조어로 인터넷 접속을 전제로 디지털 기기(노트북, 스마트폰 등)를 이용하여 공간에 제약을 받지 않고 재택, 원격 근무를 하면서 자유롭게 생활하는 사람들을 말한다. 당시 회사는 다니고 있었지만, 디지털 노마드라는 단어는 굉장히 매력적이었고, 나를 설레게 했다.

'디지털 노마드가 되어야겠다.'

디지털 노마드를 검색하면서 알게 된 블로그 강사의 블로그를 정주행하면서 또 다른 신세계에 빠지게 되었다. 무엇에 이끌린 듯 바로 그 강사의 블로그 강의를 신청하였고, 가기 바로 전날 현관문에 크게 발뒤꿈치를 다쳐서 왼발에는 슬리퍼를 신고 오른발에는 운동화를 신고 서울 가는 지하철을 탔던 것이 추억으로 남아 있다.

이왕 강의를 들으러 서울까지 왔는데 일찍 가서 앞자리에 앉아야지 하는 마음으로 30분이나 일찍 참석했지만, 이미 앞자리가 다 차 있었다. 강의의 큰 제목은 〈디지털 노마드 블로그 강의〉이고, 소제목은 〈원하는 일을 하면서 시간과 장소에 구애받지 않고 살기〉였다. 제목도 그야말로 로망이 아니었던가.

블로그라는 것이 뭔지도 모르는 상태에서 강의를 들었기에 3시간 오프라인 강의는 모든 내용이 엄청 흥미로웠다. 그리고 주어진 첫 번째 미션은 새벽 기상이었고, 두 번째 미션은 30일간 블로그 1일 1 포스팅이었다. 새벽잠이 많았던 나는 새벽 기상은 실패했다. 그러나 1일 1 포스팅은 성공했는데, 이때 시작된 1일 1 포스팅은 나의 첫 번째 책 〈엄마와 아이가 함께하는 스마트폰으로 이모티콘 작가 되기〉 출간을 앞둔 539일까지 한 번도 빠지지 않고 쓰게 되었다. 책 출간을 하게 되면서 블로그의 방향성을 바꿔 보고자 멈추게 되었지만, 그 1일 1 포스팅 539일이 나에게 첫 책을 출간할 힘을 주었다.

: 디지털노마드가 되기 위한 도전 :

디지털노마드가 되기 위해서 블로그 강의만도 몇 개를 더 들었다. 그 이후로 온라인 세계에 빠져서 무료 강의에서부터 시작하여 이것저것 많이 듣게 되었다. 그 중에서도 글쓰기도 중요하지만 온라인상에서 무엇인가를 계속 시도해 보라고 하는 내용이 마음에 와 닿았다. 내가 만든 프로젝트를 시작하면 좋다고 했다. 내가 시작할 수 있는 프로젝트가 뭐가 있을까 생각했지만 할 수 있는 것이 떠오르지 않아 시작할 수가 없었다. 그러던 중 비움에 대한 슬럼프로 인해 한 달 만에 예전과 같이 되는 집을 마주하고, 나만의 속도로 미니멀라이프를 실천해야겠다 싶어서 같이 할 사람을 모집했다. 그것이 [슬로우 미니멀라이프 프로젝트]의 시작이다. 참여자가 아무도 없을까 걱정을 하기도 했지만 1기, 2기, 3기 함께 하는 팀원들은 계속 늘어났다. 처음에는 금액도 받지 않고 시작했다가 점차 금액도 늘렸고, 2022년 5월 팀원들과 첫 번째 공저 책을 출간하고, 지금은 이렇게 두 번째 공저 책을 쓰고 있다.

미니멀라이프를 접하게 된 후 나에게 집중하는 시간을 갖게 되면서 글을 쓰게 되었을 뿐만 아니라, 비우기를 함께 한 팀원들의 변화를 기록에 담아 작가가 될 수 있도록 돕는 일을 하고 있다.

그렇게 비움으로 인해 행복을 찾은 7명 주부들의 진솔한 이야기 〈성공한 엄마들의 버리기 기술〉이 나왔고, 이번에 두 번째 책 〈미니멀라이프로 꿈꾸는 나의 인생〉을 출간한다.

〈성공한 엄마들의 버리기 기술〉이 각 작가님들이 미니멀라이프를 통해 변화된 소소한 기록들과 함께 버리는 기술 방법에 대한 이야기를 했다면, 이번 책은 미니멀라이프를 통해 각 작가님들이 원하던 일을 하게 된 것, 꿈을 이룬 일들에 대한 내용을 다루었다.

이 이야기들이 독자들에게도 비움을 통해 누구나 변화와 도전을 하고, 원하는 인생을 꿈꿀 수 있는 기회가 되길 소망한다.

프롤로그 - 비움 그리고 도전 … 002

(저자 가다다순)

1장 정리로 가볍게 삽니다 (김은정)

1. 40대 사춘기, 정리로 극복하다 … 012
2. 슬미프를 만나다 … 017
3. 미니멀라이프의 시작 … 020
4. 가차없이 버리자 … 025
5. 엘리(Ellie)의 버리기와 정리정돈 팁 … 028
6. 비우고 나니 보이는 것들 … 032

2장 인생 2막 미니멀라이프를 만나다 (김현아)

1. 할인행사라면 필요 없는 물건도 사던 과거의 모습 … 036
2. 1일 1개 비움을 실천하며 달라진 현재의 모습 … 041
3. 정리하고 비우면서 삶의 여유가 생겼다 … 047
4. 누구에게나 꿈꾸는 집이 있다 … 052
5. 삶의 여백을 즐기고 싶다면 일단 비우자 … 057
6. 진정한 미니멀리스트가 되기 위해
   오늘도 나는 계속 진행형! … 062

3장 나를 돌보는 힐링 비우기 (이세경)

1. 간단한 프로젝트 큰 행복!　　　　　　　… 068
2. 비우기 공식이 생겼다　　　　　　　　　… 073
3. 나비효과 : 가계부 쓰기와 독서　　　　　… 077
4. 축제의 정리 : 비움의 본질　　　　　　　… 082
5. 삶의 기록 : 성장 이야기　　　　　　　　… 088
6. 미생에서 완생으로 : 책 쓰기 과정　　　… 093

4장 비우기는 꿈꾸는 인생의 시작점 (이영미)

1. 나의 낡은 집 이야기　　　　　　　　　　… 098
2. 1,000개를 비워보자　　　　　　　　　　… 104
3. 식습관도 변하네 -6kg　　　　　　　　　… 107
4. 프랑스인들의 심플 라이프　　　　　　　… 111
5. 정부지원금 도전기　　　　　　　　　　　… 115
6. 더 잘 살고 싶어졌다　　　　　　　　　　… 118

5장 정리하고 비우니 행복이 찾아왔다 (임영신)

1. 미니얼 사피엔스가 되기로 했다 ··· 128
2. 가족과 미니멀라이프의 호흡이 맞지 않을 따 ··· 132
3. 살면서 관계 정리가 필요해요 ··· 136
4. 갈 길이 먼 미니멀 여행자 ··· 140
5. 비우면서 채우는 생존 가방 ··· 145
6. 정리하고 비우니 행복이 찾아왔다 ··· 149

6장 비움으로 찾은 행복 (임희빈)

1. 슬로우 미니멀라이프 프로젝트 ··· 154
2. 미니멀라이프로 작가 되기 ··· 158
3. 끝까지 버티는 자가 승자 ··· 164
4. 몸값 올리기 대작전 ··· 168
5. 매일이 감사, 매일이 행복 ··· 173
6. 행복한 파이어 작가로 살기 ··· 179

7장　비움으로 치유되는 나의 인생 (장연애)

1. 비움을 돈 내고 한다고? ··· 184
2. 정리정돈이 취미였던 나 ··· 190
3. 가족이 함께하는 미니멀라이프 ··· 194
4. 내가 살고 있는 방은 나 자신이다 ··· 198
5. 여행 중에도 계속되는 비움 ··· 202
6. 당근마켓으로 잠자는 돈 깨우기 ··· 206
7. 미니멀 비움으로 맥시멈 채움 ··· 209

8장　비운만큼 자유로워지는 삶 (정윤주)

1. 내 물건 하나 없지만 편안한 집 : ··· 214
   시드니에서 비자발적 미니멀리스트가 되다
2. 딱 '반만 나다운' 집 : ··· 218
   두바이에서 자발적 맥시멀리스트가 되다
3. '척'하는 집 : 애물단지와 플로리다에서 신혼생활 ··· 222
4. '거품 가득 찬' 집 : 나만의 공간은 어디일까? ··· 227
5. 23킬로에 채워진 나의 작은 세상 : ··· 232
   진정한 미니멀리스트가 될 수 있을까?
6. '별거 없는' 나다운 집 : ··· 238
   치앙마이에서도 미니멀라이프는 계속된다

1장

정리로
가볍게 삽니다

· 김은정 ·

세 아이를 키우며 살아가는 주부이자 전자책 〈분리식단 다이어트〉의 저자. 다이어트로 살을 정리한 김에 집 정리도 하기로 결심했다. 불필요한 물건을 과감하게 버리고, 미니멀-이프의 매력에 푹 빠졌다. 남은 인생은 몸도 집안도 마음도 가볍게 살고 싶다.

○ 블로그 : https://blog.naver.com/elliekim0405

40대 사춘기, 정리로 극복하다

"안녕하세요. 저는 아이 셋 엄마예요." 라는 인사 외에는 나에 대해 설명할 말이 별로 없었다. 결혼 후 아이 셋을 낳고 기르며 어느덧 40대가 되었다. 10년을 넘게 주부로 살았는데도 살림에 자신이 없었다. 요리는 여전히 서툴고 집안 상태는 엉망이었다. 육아 스트레스를 먹는 것으로 풀면서 점점 살이 찌기 시작하다가, 어느 날 거울을 보니 초라하고 뚱뚱한 아줌마가 서 있었다. 몸무게와 자존감이 반비례하면서 나에 대한 애정도 사라지고, 되는대로 입고 먹으면서 나 자신을 함부로 대했다. 스스로를 돌보지 못하니 아이들에게도 좋은 엄마 노릇을 하지 못하고, 그저 하루하루를 무의미하게 지냈다.

그러다 이대로 살면 안 될 것 같은 위기감이 느껴지면서, 더 늦기 전에 나의 삶을 바로잡고 싶어졌다. 나를 바꿀 수 있는 방법을 찾아보기 위해 책을 읽기 시작했다. 나폴레온 힐의 책 〈생각하라. 그러면 부자가 되리라〉를 읽고 생각의 힘에 대해 깨달으면서 자기계발서의 매력에 푹 빠져들었다. 일상에 끌려만 다니며 살아가다가 책을 통해 각성하게 된 것이다. 부끄럽게도 나는 내 삶을 어떻게 만들어 가고 싶다는 목표와 방향성이 없었다. 그저 다른 사람의 삶을 부러워하기만 했다. '생각'이 아닌 '반응'만 하며 살아온 것이다. 인생은 단 한 번뿐인데 나는 앞으로 어떻게 살아가야 할까? 이렇게 살면 먼 훗날 눈감는 날에 아이들 앞에서 브끄럽지 않을까? 이런저런 생각이 들면서 40대에 사춘기가 다시 찾아온 것 같았다. 우울함과 무기력에서 벗어날 변화가 필요했다.

우선 오랫동안 방치했던 내 몸부터 살피기 시작하면서 묵은 살을 정리하기로 결심했다. 그 결과 독하게 마음을 먹고 6개월 만에 20킬로를 감량해서 72킬로그램에서 52킬로그램으로 드라마틱한 변신에 성공했다. 뚱뚱했던 나는 다이어트라는 아주 작은 도전에 성공하면서 목표 설정과 기록의 중요성을 깨달았다. 그 과정에서 '나도 노력하면 할 수 있다!' 라는 믿음을 되찾게 되었으며, 다이어트는 나의 삶을 변화시키는 소중한 출발점이 되었다.

이어서 온라인 자기계발 모임에 참여했다. 모임에 참여하는 다른 사람들과 함께 줌 강의를 듣고, 생각을 공유하면서 나의 정신적 성장에 눈을 떴다. 전자책 출간 방법에 관한 강의를 들으면서 나도 해보고 싶은 욕심이 생겼다. 그래서 블로그에 가볍게 써 내려간 다이어트 과정의 글을 엮어서 2023년에 다이어트 전자책을 출간했다. 지금껏 글을 제대로 써본 적도 없었지만, 나의 경험과 도전을 글로써 매듭짓고 싶어 무대뽀로 도전한 것이다.

다이어트와 전자책 출간이라는 두 가지 도전을 끝낸 후, 매년 무언가에 도전하는 '셀프 연간 프로젝트'를 하기로 결심했다. 더도 말고 일년에 딱 한 가지씩 나를 업그레이드 하는 것이다. 나와 주변 환경을 바꿀 수 있는 가장 쉬운 일이 뭐가 있을까 생각하다가 '집안 꾸미기'를 두 번째 목표로 잡았다. 우선 인스타그램에서 인테리어에 관해 검색을 해보았다. 그런데 인스타에 나온 집들은 내가 따라 하기에는 너무나 멀게 느껴졌다.

멋진 인테리어와 홈 스타일링을 해보고 싶었지만, 집 꾸미기에 자신이 없어서 대안으로 택한 방법이 '비우기'였다. 꾸미는 건 어려워도 비우는 것은 어렵지 않게 도전할 수 있을 것 같았다. 그렇게 비우기 시작한 미니멀라이프 1년 차가 되면서 우리집은 더는 버릴 게 없는 깔끔한 집이 되었다.

1년간 물건을 정리하면서 어지러웠던 내 마음도 정리되는 신기한 경험을 했다. 생각해 보니 복잡할 것이 별로 없는데 괜히 쓸데없는 고민과 걱정을 안고 살아왔다. 물건을 버리면서 내 마음을 돌아보고 다스렸다. 내가 정말로 원하는 물건과 공간에 대해 생각해보면서 크고 작은 나의 꿈도 다시 그려볼 수 있었다.

40대의 나를 잡아준 것은 단연코 정리이다. 살도 정리하고 집도 정리하면서 불필요한 것을 과감하게 비웠다. 살과 물건의 뒤편에는 채워지지 않는 나의 마음이 있었다. 정말로 소중한 나의 몸과 내가 살고 있는 공간을 전혀 생각하지 않고 소유에만 집착하던 나였다. 정리를 통해서 과도한 욕심을 비우고 내가 진짜로 원하는 것, 내가 살고 싶은 공간과 라이프스타일에 대해 생각해 볼 수 있었으며, 앞으로도 나의 정리는 계속될 것이다.

비움은 언제나 새로움의 시작이다.

슬미프를 만나다

　온라인 앱테크 모임에서 알게 된 꾸미룬님과 행복아 놀러와님이 미니멀라이프에 관심 있는 나에게 '슬미프(슬로우 미니멀라이프 프로젝트)'를 추천해 주었다. 슬미프는 리더인 임희빈 작가님이 이끄는 미니멀라이프를 추구하는 온라인 모임이다. 미니멀라이프에 대해 아무것도 몰랐던 나에게는 모든 것이 신선한 충격이었다. 소비만 하던 나에게 비움은 그야말로 새로운 세계였다.

　슬미프 연간 프로젝트에 참여하면 1년 후에 참가자들이 공저 책을 출간할 기회를 얻는다. 1년 전 온라인 모임에서는 책 쓰기가 열풍이었다. 나도 글을 쓰고 싶다는 소망을 가지고 있었지만 딱히 떠오르는 글감이 없었기 때문에 글을 쓸 엄두가 나지 않았었다. 글쓰기나 책 출간 수업을 알아보니 몇백만 원에서 몇천만 원의 비용을 지불해야 하는 고가의 프로그램이 많았다. 주부가 참여하기에는 큰 부담이었는데 슬미프를 알게 된 것이 나에게는 큰 행운이었다. 집도 깨끗이 정리하면서 동시에 나의 이름이 새겨진 공저 책을 출간할 수 있다니 그야말로 일석이조의 효과였다.

나는 의지가 정말 약해서 뭐 하나 끝까지 마무리해 본 적이 없다. 다이어트도 혼자서 해낸 것이 아니라 온라인 모임을 통해서 성공했기 때문에 온라인 모임에 대해서 매우 긍정적이다. 끈기가 없는 나를 잘 파악하고 있었기 때문에 미니멀라이프 역시 다른 사람들과 함께 하고 싶었다. 슬미프는 부담감이 전혀 없는 편안한 온라인 모임으로, 네이버 카페에 매일 비우기 인증을 하고 함께하는 동기들의 인증을 보며 살림 팁도 배울 수 있었다. 슬미프에서 하루에 하나씩 버리다 보면 미루지 않고 즉시 버리는 습관을 만들 수 있다. 주부라면 잘 알겠지만 집 안 정리라는 것이 하루 만에 끝나는 것이 아니다. 대청소를 해도 며칠만 지나면 금세 어질러지고, 물건은 어느새 늘어나 있다. 쌓아 두지 않고 바로바로 버리는 습관을 만드는 것이 가장 중요하다. 다이어트도 살을 빼는 것보다 유지하는 것이 더욱 어려운 것처럼, 집도 깨끗한 상태를 지속적으로 유지하는 것이 어렵다. 비우기는 이벤트가 아니라 일상이 되어야 한다.

새로운 것을 시도해 보고 싶은데 용기가 나지 않는다면 망설이지 말고 온라인 모임을 해보라고 추천해 주고 싶다. 생판 모르는 사람들과 사생활을 공유하는 것이 어색하다는 편견이 있을 수 있지만 온라인 모임은 의외로 장점이 매우 많다. 공통의 관심사를 가진 사람들과 함께 하기 때문에 실행력이 커지고, 다양한 정보를 공유할 수 있다. 혼자 한다면 금방 포기했을 텐데 인증을 해야 하기 때문에 하기 싫은 날에도 억지로라도 꾸준하게 지속할 수 있는 이점이 있다.

버리는 게 뭐 어렵다고 모임까지 해야 하나 싶겠지만 버리기도 쉬운 것이 아니다. 비워야 할 물건이 너무 많으면 어디서부터 손을 대야 할 지 막막하다. 거실 책장에는 아이들 책이 가득 꽂혀 있으며, 장난감은 항상 어질러져 있었다. 집에 들어오자마자 처음으로 마주하는 공간인 거실에 물건들이 많으면 답답함을 느끼게 된다. 다른 공간도 상황은 비슷해서 두 아이 공부방에는 책, 장난감, 문구, 잡동사니가 가득했고, 붙박이 옷장을 열면 대충 넣어 두었던 옷이 바닥에 쏟아져 내렸다. 거실, 주방, 방, 욕실, 베란다, 신발장, 서랍장까지… 공간에 비해 물건이 너무 많았다.

가지고 있던 대부분의 물건을 버리겠다고 마음먹은 후, 현재 나의 공간 상태를 하나하나씩 파악하고 과감하게 물건을 버려 나갔다. 이제는 비우기가 인생의 목표가 된 것이다. '비싼 돈을 주고 사 올 때는 언제고 이렇게 버려야 하나' 라는 생각에 가슴이 쓰라렸지만 새롭게 출발하기 위해 작별을 고할 수밖에 없었다.

미니멀라이프의 시작

　미니멀라이프를 하기 전에 먼저 왜 하려고 하는지 스스로에게 질문을 해보자. 내 대답은 쾌적하고 마음 편한 삶을 살기 위해서이다. 깨끗하게 정돈된 집, 바쁜 하루를 끝내고 들어갔을 때 가족들을 맞아주는 아늑하고 따뜻한 집, 좋은 향기가 은은히 퍼지는 휴식과 힐링의 장소… 언제든 돌아가고 싶은 행복한 집을 만들고 싶었다. 내가 원하는 집의 모습을 생생하게 그려보면 목표 의식이 생기면서 불필요한 물건을 버릴 수 있는 용기가 생긴다.

　아직은 잡지에 나오는 것 같은 예쁜 집은 아니지만 점점 내가 원하는 집을 만들어 갈 예정이다. 나만의 드림하우스를 비전보드에 붙여 놓고 자주 들여다보고 있다. 꿈꾸는 집에서 살고 있는 상상만 해도 행복해진다.

　전 하버드대학교 심리학과 교수인 조던 피터슨의 저서 〈12가지 인생의 법칙〉에는 다음과 같은 소제목이 있다. '세상을 탓하기 전에 방부터 정리하라' 세계적인 지식인이라 할 수 있는 조던 피터슨이 압축한 인생의 12가지 지혜 중 하나가 방부터 정리하는 것이라니 놀랍지 않은가? 그는 불평을 하기 전에 내가 살고 있는 방부터 정리하는 것이 우리가 당장 할 수 있는 일이라고 일침을 가한다.

　정리 정돈을 결심했을 때 책의 도움을 많이 받았다. 청소와 미니멀라이프에 관한 좋은 책이 시중에 많이 있다. 그중 나의 미니멀라이프를 도와준 실용적인 세권의 책을 추천한다.

　〈부자가 되는 정리의 힘〉을 읽으면서 낭비가 심하고 즉흥적이던 나의 소비 습관을 고쳐 나갔다. 돈을 모으고 싶다면 반드시 정리 정돈부터 먼저 해야 한다. 정리 정돈을 통해서 현재 내가 무엇을 가지고 있는지, 우리집에 어떤 물건이 있는지 재고를 파악하면 감정적 소비와 낭비를 줄일 수 있다. 나의 소비패턴을 알고 통제해야 집안에 물건이 늘어나지 않는다. 이 책을 통해서 집 정리, 돈 정리, 시간 정리까지 하는 방법을 알 수 있었다.

　세계적으로 유명한 청소 컨설턴트인 곤도 마리에의 〈정리의 힘〉은 비움에 대한 해답을 준 책이다. 처음에는 물건을 버리기 시작하면서 죄책감이 많이 들었다. 이렇게 버리는 게 잘하는 건가? 나중에 필요해서 또 사면 어떻게 하지? 하는 의구심이 들어서 선뜻 버리기 힘들었다. 그런데 '마음이 설레는 물건만 남기고, 나머지는 전부 과감히 버리자'는 곤도 마리에의 글을 읽고 나서 비움에 대한 확신을 가지고 과감한 버리기를 실천할 수 있었다. 세계 최고의 청소 컨설턴트가 과감히 버리라고 조언 하는데 주저할 이유가 없었다. 그래서 초반에 과감하게 비우기를 했으며, 지금 생각해도 정말 잘한 일이라고 생각한다. 그때 과감하게 버리지 않았다면 아직까지도 물건을 정리하느라 에너지를 낭비하고 있었을 것이다.

〈청소력〉은 두께는 얇지만 놀랍고 매력적인 책이다. 청소를 통해서 플러스의 자장, 성공의 자장을 끌어들일 수 있다는 것을 알게 됐다. 청소와 에너지의 상관관계를 설득력 있고 공감할 수 있도록 쓴 책이다. 이 책을 통해 청소에 대한 마인드를 완전히 바꾸었고, 감사하는 법에 눈을 떴다. 아이 셋 독박 육아로 지쳐 있었던 나는 집 안 정리를 할 때마다 화가 났다. 뒤돌아서면 어질러지는 집 때문에 아이들에게 짜증을 내기 일쑤였다. 집이 힐링의 공간이 아니라 나를 힘들게 하는 공간이 되어 버렸다.

  이 책을 읽고 나서 매일 청소를 열심히 했지만 행복하지 않았던 이유가 바로 감사함이 없었기 때문이었다는 것을 알고 소름이 끼칠 정도로 놀랐다. 〈청소력〉을 읽고 나서 청소는 성공의 자장을 끌어오는 나만의 감사 의식으로 자리 잡았다. 책에 나온 것처럼 천천히 걸레질을 하면서 감사의 자장에 접속한다고 상상을 해보자. 곧 마음이 편안해질 것이다. 예전에는 스트레스를 받으면 과자 봉지를 잡았지만 지금은 걸레를 잡는다. 부정적인 감정을 해소할 수 있는 가장 빠른 방법은 청소이다. 집이 깨끗해질 때쯤 어느덧 복잡했던 감정의 실타래도 풀어져 있을 것이다. 청소를 하면 우리의 마음도 청소된다.

수신제가치국평천하(修身齊家治國平天下)라는 말이 있다. 몸을 닦은 후 집안을 가지런히 하고 난 후에야 나라가 다스려지고 그 다음에 천하가 화평해진다는 뜻이다. 큰 일에 앞서 내 몸과 집안을 돌보는 것이 가장 기본이 되는 것이다.

부처의 제자인 주리반특은 머리가 아둔하기로 유명한 사람이었다. 설법을 아무리 일러줘도 이해하지 못하는 주리반특에게 부처님은 빗자루 한자루를 주고 "먼지를 닦고 때를 벗겨라."라는 말을 반복하라고 하였다. 주리반특은 열심히 비질을 하며 "먼지를 닦고 때를 벗겨라."라는 말을 반복해서 읊조렸다. 1년이 지나고 3년, 5년, 10년이 지나자 결국 그는 '아아, 인간도 마찬가지다. 마음 속에 있는 먼지나 때를 없애는 것이 중요한 것이다.'라는 큰 깨달음의 경지에 이르게 되었다. 온 마음을 다하여 청소 하나만 잘해도 깨달음의 경지에 이를 수 있는 것이다.

가차없이 버리자

　미니멀라이프의 시작은 '버리기' 부터이다. 하루라도 빨리 깨끗한 집에서 살고 싶다면 단기간에 가차 없이 버려야 한다. 곤도 마리에의 책에는 '자신 있게 말하건대 어중간하게 정리하면 평생 정리할 수 없다' 라고 나와 있다. 어중간하게 버리면 스멀스멀 다시 예전과 같은 상태로 돌아가 버린다. 사람마다 집 안 정리 방법이 있겠지만 내가 가장 선호하는 방법은 단기간에 가차 없이 버리기이다.

　주부 경력이 10년이 넘고 매일 청소와 정리를 하는데 어째서 지금까지 깨끗한 집을 만들지 못했는지 곰곰이 생각해 보면 '어중간함' 때문이었다. 확실하고 과감하게 버리고 나서야 드라마틱한 변화를 만들 수 있었다. 버리기에는 용기가 필요하다. 지금이 아니면 영원히 버릴 수 없다는 마음으로 오늘 당장 버리자. 확실하게 비우고 나면 정리는 쉬워진다.

아무리 물건이 많아도 자주 사용하는 물건은 한정되어 있다. 사용하지도 않는데 왜 비우지 못하는 것일까? 다음에 필요할까 봐, 추억이 담긴 물건이라서, 미련 때문에 등 이유는 다양하다. 하지만 미련 때문에 남겨둔 물건을 실제로 사용한 적이 일 년에 몇 번이나 되겠는가? 우리집은 아이가 셋이라서 학교에서 가져오는 그림이나 만들기도 며칠만 모이면 그 양이 상당하다. 아이들이 만들어 온 작품들도 모두다 보관하지 않고 최소만 남겼다. 대신 가족 보물 상자를 만들어서 평생 가져가고 싶은 것들만 잘 골라서 보관하게 했다.

과감하게 버리기를 할 때는 '무엇을 남길까'를 결정하는 것이 중요하다. 곤도 마리에의 기준인 '설레는가 설레지 않는가?'는 무척 신선한 방법이었다. 최소한의 것만 남기자는 대원칙 아래 남길 물건을 선별하는 나의 기준은 두 가지이다.

① 필요 : 이 물건은 필요한가?
② 행복 : 이 물건은 나와 가족들을 행복하게 해주는가?

'필요와 행복'을 기준으로 삼고 함께 갈 물건들을 선별했다. 두 가지 기준에 해당하지 않으면 미련 없이 버렸으며, 한번 버리기 시작하니 속도가 붙기 시작했다. '이번엔 무얼 버릴까' 하는 생각을 하다 보니 매일 버리고 싶은 물건들이 눈에 띄었다. 아파트 이웃들이 이

사 가냐고 할 정도로 숨어있던 물건들이 쏟아져 나오기 시작했다. 크지도 않은 집에 이렇게 많은 물건들이 자리 잡고 있었다니 놀라지 않을 수 없었다. 버리고 버려도 끝이 나지 않을 것 같았지만, 꼬박 한 달 정도 버리기를 하고 나서야 어느 정도 깔끔해 보였다.

버리면서 실망과 죄책감을 많이 느꼈다. 쓰레기를 돈 주고 사 모았구나, 이런 물건을 사느라고 돈을 낭비했다고 생각하니 후회가 차 올라서 잠도 안 올 정도였다. 어떤 기분으로 물건을 샀는지 되돌아 보았다. 갖고 싶다는 단순한 욕심 때문에 산 물건, 기분이 좋아서 산 물건, 직접 보지 않고 온라인으로 구입한 물건, 대부분 쉽게 사들인 저렴한 물건들이었다. 그래서 앞으로는 집에 들이는 물건은 가격이 비싸도 가치 있는 물건을 들이리라 다짐했다.

엘리(Ellie)의 버리기와 정리정돈 팁

나의 버리기 루틴은 크게 3가지로 나눈다.

◆ **첫째, 단기간에 가차 없이 버리기**

준비단계

대형 마대자루 10개와 100리터 쓰레기 봉투, 나눔 할 물건을 담을 쇼핑백을 준비한다.

방법

한 군데씩 구역을 정하고 버리는 날을 잡는다. 처음 버리기를 할 때는 작은 공간, 쉬운 곳부터 시작하는 것이 좋다. 예를 들면 책상 서랍 한 칸, 화장대, 주방 수납장 한 칸 등 작고 쉬운 곳부터 시작해 나가면서 영역을 넓혀 나간다.

버리기

① 물건을 바닥에 모두 꺼낸다.

② 버릴 것, 남길 것, 나눔할 것을 선별한다.

③ 버릴 것은 쓰레기 봉투나 마대자루에, 나눔 할 것은 쇼핑백에 담는다. 방법은 버릴 것을 고르지 말고 모든 물건을 바닥에 꺼내 놓은 후 거기서 남길 것만 고르는 방법이 좋다.

정리하기

정리는 늘 어려운 과제였다. 열심히 정리해도 며칠 후면 다시 어질러지는 것이 반복되었다. 그래서 남기는 물건을 극도로 최소화하는 방법을 택했다. 수납하지 않는 것이 나의 수납법이다. 자주 사용하진 않지만 도저히 버리지 못하는 물건들은 창고에 넣어두었다가, 1년이 지나도 창고에서 꺼내지 않은 물건은 연말에 버린다. 정리를 할 때는 물건의 제자리를 확실하게 정해야 한다. 여기 넣었다 저기 넣었다 하면 어디에 어떤 물건이 있는지 기억할 수 없다. 물건의 자리를 기억하지 못하면 소비를 또 하게 되기 때문이다.

◆ **둘째, 매일 즉시 버리기**

슬미프 카페에서 매일 비움을 실천했다. 사실 버릴 것이 있어도 내일 버리지 뭐 하는 생각으로 차일피일 미루기 일쑤였는데, 슬미프 모임을 하면서 집을 즉시 치우는 습관이 매우 중요하다는 것을 알게 됐다.

10900	[프로젝트 비움] 27일차 - 내 책상서랍 1칸 ⊙ [4]	습관부자 엘리 ⊡	2022.12.04.
10894	[프로젝트 비움] 26일차 - 주방 수납장 한칸 ⊙	습관부자 엘리 ⊡	2022.12.03.
10892	[프로젝트 비움] 25일차 - 막내 책상 ⊙	습관부자 엘리 ⊡	2022.12.02.
10879	[프로젝트 비움] 24일차 - 아이들 겨울용품 ⊙	습관부자 엘리 ⊡	2022.12.01.
10874	[프로젝트 비움] 23일 - 아이들 옷장 한 칸 ⊙ [1]	습관부자 엘리 ⊡	2022.11.30.
10862	[프로젝트 비움] 22일차 - 영수증 ⊙	습관부자 엘리 ⊡	2022.11.29.
10856	[프로젝트 비움] 21일차 - 냉동실 ⊙	습관부자 엘리 ⊡	2022.11.28.
10839	[프로젝트 비움] 20일차 - 냉장고 ⊙	습관부자 엘리 ⊡	2022.11.27.
10831	[프로젝트 비움] 17일- 외투 정리, 18일-베란다 ⊙	습관부자 엘리 ⊡	2022.11.26.
10802	[프로젝트 비움] 17일차 옷장 ⊙ [2]	습관부자 엘리 ⊡	2022.11.24.
10785	[프로젝트 비움] 16일차 - 가방 ⊙	습관부자 엘리 ⊡	2022.11.23.
10771	[프로젝트 비움] 15일차 옷장 한칸 ⊙	습관부자 엘리 ⊡	2022.11.22.
10750	[프로젝트 비움] 14일차 - 거실 바닥 ⊙	습관부자 엘리 ⊡	2022.11.21.
10733	[프로젝트 비움] 13일차 - 아이 장난감 서랍장 한칸 ⊙ [5]	습관부자 엘리 ⊡	2022.11.20.
10721	[프로젝트 비움] 12일차 - 조리도구 ⊙ [1]	습관부자 엘리 ⊡	2022.11.19.

◆ **셋째, 주간 버리기**

주간 버리기가 좋은 이유는 여유로운 주말 시간을 활용할 수 있기 때문이다. 특히 냉장고 청소는 꼭 일주일에 한 번씩 하는 것이 좋다. 유통기한이 얼마 남지 않은 음식을 소진하고, 다음 주에 사야 하는 식재료를 파악하면 낭비를 줄이고 예산에 맞게 장을 볼 수가 있다.

비우고 나니 보이는 것들

　대대적인 비우기를 통한 미니멀라이프를 실천하면서 내 삶의 방향과 의미를 되돌아보게 되었다. 미니멀라이프를 하고 크게 세 가지가 달라졌다.

　첫째, 돈이 모인다. 미니멀라이프를 하면 소비 습관이 자동으로 바뀔 수밖에 없다. 물건을 버리면 마음이 아프다. 버려지는 물건을 왜 사왔을까 하고 후회가 되면서 다음 번에 물건을 살 때는 신중하게 고를 수 있다. 쓸데없는 소비가 줄면서 자연스럽게 절약으로 이어지고 저축을 늘릴 수 있다. 또한 집 안 정리를 하면서 상태가 양호한 물건은 당근마켓 등에 중고로 판매할 수 있다. 중고 책이나 안 입는 옷도 모두 판매가 가능하기 때문에 알뜰하게 모으면 제법 많은 금액을 모을 수 있다.

　둘째, 미루지 않고 즉시 하는 습관이 생겼다. 깨끗한 집을 유지하려면 물건을 즉시 비우거나 제자리에 놓아야 한다. 하루 미루면 이틀 되고 그러다가 일주일이 금방 지나가 버린다. 매일 매일 습관처럼 비우기와 정리를 하는 것이 오히려 편하다는 것을 알기 때문에 조금 귀찮아도 눈에 보이는 즉시 치우게 되었다.

셋째, 감사하는 삶을 살게 되었다. 전에는 남과 비교를 많이 하며 살았다. 남이 좋은 물건을 가지고 있으면 나도 맹목적으로 갖고 싶었다. 명품, 좋은 차, 좋은 집… 욕망은 끝이 없었다. 더 좋은 물건만 바라보다가 현재 내가 가진 것들에 대한 감사를 잊고 지냈다. 지금은 현재 내가 가지고 있는 것들에 관심을 기울이고 정리를 하면서 자연스레 감사의 마음을 배우게 되었다.

비우다 보니 내가 가진 것이 너무나 많았다는 걸 알았다. 아늑한 내 집에서 가족들과 함께 즐거운 추억을 만들며 살 수 있다는 사실에 감사하게 되었다. 감사하면 오롯이 현재를 즐길 수 있다.
아무리 좋은 물건을 소유해도 행복을 살 수는 없다. 지금 내가 애지중지하는 물건이 우리가 세상 떠나는 날에도 지금처럼 중요할까? 그렇지 않을 것이다. 물건보다는 경험과 추억, 남들에게 좋은 일을 베풀었던 시간이 기억에 남을 것이다.

정리하면 인생이 바뀐다. 집 정리부터 시작해보자. 한 가지 물건만 비워도 마음이 가벼워질 것이다. 집 안은 가볍게 하는 대신 내면을 충만하게 만들 수 있다. 오늘도 내일도 나는 비우면서 살아갈 것이다. 미니멀라이프를 통해 삶의 진정한 소중함을 찾아가기를 희망한다.

2장

인생 2막
미니멀라이프를 만나다

·김현아·

좌충우돌 고군분투하며 세 자녀를 키우고 있는 50대 워킹맘. 믁든지 1+1 행사라면 필요 없는 것도 사다 쟁여놓던 과거와 달리, 슬로우 미니멀라이프(슬미프)를 접하면서 비움을 실천해 나가고 있으며, 조금씩 정돈된 삶을 향해 가고 있다.

할인행사라면 필요 없는 물건도 사던 과거의 모습

언제부터였을까? 이토록 많은 짐과 물건들이 내 주변을 휘감기 시작한 게…

아마도 결혼하고 아이를 낳으면서부터였던 것 같다. 첫째, 둘째 그리고 셋째. 식구가 1명씩 늘어날 때마다 집안에 물건들이 하나둘씩 늘어나기 시작했다. 아이들이 성장하면서 철마다 입을 옷들과 나이에 따라 필요한 각종 장난감 그리고 다양한 책들. 특히 창작동화, 명작동화, 수학동화, 심지어 영어원서 등 여러 종류의 책과 더불어 60여 권에 달하는 WHY 시리즈 전집까지 들여놓았다. 대한민국의 조기교육 열풍에 편승해 아이를 잘 키우고 싶은 생각에 비싼 책과 교구들을 10개월의 장기 할부로 아낌없이 구매했다. 육아채널이나 홈쇼핑을 보고 있노라면 어김없이 리모컨을 만지작거리고 있다가, 매진 임박이라는 쇼호스트 말에 조급해져 버튼을 누르고 신용카드 결제를 했다. 그러고는 '오늘도 쇼핑을 잘했구나' 하는 만족감에 미소를 짓곤 했다. 아이가 책과 친숙해지고 자연스럽게 놀기를 기대하며, 우리 아이가 영재로 자라길 바라면서 말이다. 우리 아이가 천재가 아닐까? 공부 잘하는 아이로 성장하지 않을까? 하는 상상에 마음 뿌듯해하며 이것저것 모두 사다 쟁여놓고 하루하루를 넘쳐나는 물건들과 함께 즐겁게 살았다.

그러나 기쁨도 잠시, 점점 늘어가는 많은 물건 속에서 '언젠가 쓸 일이 있겠지', '둘째가 또는 셋째가 물려 쓸 수 있을 거야', '아까워서 어떻게 버려' 하는 마음에 버려야 할 때 버리지 못했다. 오히려 아이 방을 꾸며준다며 더 많은 장난감과 책들로 가득 채웠고, 남는 것으로는 거실을 채웠다. 그때는 비움보다는 다양한 장난감과 책들이 많은 것이 좋았다.

세 아이를 키우는 동안 집은 항상 물건들로 가득 차 있었다. 사거나 주변에서 물려받은 옷들과 장난감, 책들과 교구로 항상 집안은 포화상태였다. 직장생활을 하며 세 아이를 키우다 보니 집에 오면 피곤함에 지쳐 물건 정리는커녕 아이들 돌보기도 버거워 살림은 엉망이었다. 결국 우리집은 많은 물건들 속에서 발 디딜 틈이 없는 우울한 공간이 되고 말았다.

버려야 할 것을 못 버리는 데에는 어렸을 때부터의 습관도 영향을 준 것 같다. 무언가를 버리려 하면 못 쓰는 물건임에도 불구하고 엄마는 쓸만한 물건을 버린다고 혼내셨다. 모든 것이 부족했던 시절에 어머니는 굉장히 아끼고 또 아껴가며 우리 4남매를 정성껏 키우셨다. 아마 6·25 전쟁을 겪으신 분들은 대부분 그러했을 것이다. 결핍의 시대에 사셨던 분들이라 물건에 대해 많은 것을 소유하고 싶어 했고, 부의 기준도 미니멀보다는 맥시멀이었다. 그래서인지 그 당시에 무엇인가를 버린다는 것은 그야말로 큰일이었을 것이다. '고쳐 쓰면 될 것을 버리다니', '나중에 언젠가는 쓸 때가 있을 것을 버리다니' 하며, 벽장이나 서랍장에 고이 모셔 두었다. 그러한 생활환경이 고스란히 나에게 전달되어, 버리지 않는 것이 몸에 밴 습관으로 발전했던 것 같다. '아끼다가 똥 된다' 라는 우스갯말처럼 좋은 물건들을 잘 보관해 놓고는 바쁜 일상생활에 묻혀 잊어버리고 있다가, 결국에는 제대로 써 보지도 못하고 버린 경우가 많았다.

잘못된 쇼핑 습관은 주변 정리가 안 되는 또 하나의 치명적인 요인이었다. 대형마트에 가서 장을 볼 때면 '많이 사면 가격이 싸다' 라며 뭐든지 큰 것으로 사고는 "내가 참 알뜰하지! 오늘 쇼핑해서 할인을 이만큼이나 받았네!" 라며 뿌듯해 했다. 남편 말로는 마트에서 함께 장을 보다 보면 쇼핑카트에 마구잡이로 물건을 담는다고 한다. "와, 이거 필요했는데 이럴 때 사 놔야 해!", "이건 아이들이 좋아하는 ○○햄인데 1+1 행사하네, 반값이니 사야지!", "양말이 필요했는데 마침 세일하니 이것도 사야 해!"라며 물건을 전투적으로 담는다고 한다. 그러곤 집에 와서 정성 어린 집밥이 아닌 마트에서 사 온 밀키트 같은 즉석식품이나 가공식품으로 대충 먹는다. 심지어 장 보고 와서 피곤하다며 저녁으로 라면을 먹는 일도 있었다. 그러다 며칠 후에는 장 본 물건이 뭐가 있는지 잊어버리고, 냉장고 구석에서 슬금슬금 곰팡이 피어가며 유통기한 지난 음식들이 있는지도 모른 채 마트로 간다. 그리곤 또 먹거리를 잔뜩 사 오는 일상을 반복하면서 뭔가 잘못됐다는 생각이 들었다. 돈을 쓰면서도 먹는 것은 빈약하고, 삶의 만족도는 떨어지고 가계지출만 늘어날 뿐이었다.

당시에는 미니멀라이프를 몰랐고, 가진 것이 많으면 많을수록 좋다고 생각했었다. 가계부를 제대로 쓰지도 못했고, 쇼핑하더라도 필요한 물건으로 소량 구매한다거나 나름의 소비 철학이 있지도 않은 나는 주변의 상황에 휘둘린 채로 그날그날 생각 없이 살았다.
옆에서 지켜보던 남편이 가끔 한 소리 한다. 냉장고를 열었더니 음식으로 가득 차 있긴 한데 먹을 것이 없단다. 야채칸에는 채소들이 시들시들해지고 있었고, 김치를 찾으려 해도 먹다 남은 음식 용기들이 가득 차 있어 한참을 여기저기 헤집어야 나오니 짜증이 난 것이다.

"도대체 살림을 어떻게 하는 거야! 먹을 것은 없고 음식이 냉장고 안에서 썩고 있잖아!"
"내가 바빠서 깜빡했어… 뭐 그럴 수도 있지! 짜증을 내고 그래!"
"어휴… 내가 말을 하지 말아야지…" 우린 서로에게 스트레스를 뿜어댔다.

한창 성장기 아이들의 먹거리나 생필품 등 필요한 게 이만저만이 아니었고, 잘 먹고 건강하게 잘 커 주는 아이들을 보면 고맙기도 했다. 그러나 굳이 많이 먹지 않아도 되는 음식들을 할인한다고 해서 사게 됐을 때 경제적으로 마이너스인 것은 물론, 아이들이 적정량보다 더 많은 양의 음식을 먹게 되고, 과하게 먹는 나쁜 습관을 들이게 되며, 식품들도 냉장고에 오래 머물러 있게 되어 신선도가 떨어지는 재료로 전락하고 만다. 경제적으로나 건강 측면에서 좋은 생활 습관이 아닌 것은 분명하다.

바람직하지 못한 습관으로 집안 곳곳에 쌓여 있는 물건들을 볼 때마다 나도 짜증이 나고 남편도 짜증을 냈다. 정리를 하려 해도 정리가 잘되지 않았고, 그럴 때마다 화가 나고 스트레스를 받으니 다른 일도 제대로 돌아가지 않았다. 한 마디로 뭔가 꽉 막혀 있는 듯했다.

진정 우리 가정에 변화가 절실히 필요했다.

1일 1개 비움을 실천하며
달라진 현재의 모습

 2021년, 자기 계발에 관심을 가지기 시작하면서 우연히 온라인 세계에 들어갔었다. 그러면서 이 세상에는 대단한 사람들이 굉장히 많다는 것과, 그동안 세상을 우물 안의 개구리처럼 살아왔음을 절실히 깨달았다.

 결혼 후 20여 년 동안 육아와 일을 병행해 온 내게 집과 회사는 거의 삶의 전부였다. 그런 상태에서 나만의 시간을 갖는 것은 굉장히 어려운 일이었고 생각할 수도 없었다. 내 삶에 나 자신은 없는 채로 오로지 육아와 가정과 회사 일로 스트레스를 받으며 살았었다. 그 당시만 해도 남들도 다 그렇게 사는 줄 알았다. 문제가 있으면 해결하기 보다는 묵묵히 버티며, 가능한 한 참거나 아니면 회피했었다. 그러다 가을 쯤에 내 몸에 이상이 생기고, 그토록 건강하고 다부지시던 아버지의 죽음을 지켜보면서 인생의 허무함을 느끼게 되었다. 더 이상 아무것도 하고 싶지 않았고, 무기력과 불안함, 두려움 등이 생겼으며, 사람들을 만나는 일도 꺼려졌다. 나에게는 그 어느 때보다 쉼이 필요했다. 나 자신을 되돌아보고 나를 치유할 수 있는 돌봄이 필요했다.

그러던 어느 날, 서여사님의 꿈꾸는 부자여행방(부자매뉴얼)에서 임희빈 리더님의 나눔 특강을 통해 '슬로우 미니멀라이프 강의'를 처음으로 듣게 되었다. 삶의 정리 정돈, 인생의 정리 정돈이 절실히 필요하던 차에 끌어당김의 법칙이 통한 것일까? 당시에 나는 마음의 여유가 완전히 고갈되어 내 주변의 모든 것들이 어지럽고 갑갑하게만 느껴졌고, 나를 둘러싼 모든 일들이 눈에 거슬리기 시작했다. 이런 나에게 '슬로우 미니멀라이프 강의'는 한 줄기 빛이었다.

치우고 비우고 버리고 싶어졌다!
하지만 정리 정돈에 재주가 없던 지라 뭘 어디서부터 손대야 할지 캄캄했다. 내 머릿속이 뒤죽박죽인 것처럼 내가 머무는 이 공간 역시 뒤죽박죽 아수라장인 듯했다. 그 결과 이때를 놓치면 또 언제 프로젝트를 만나게 될지 모른다는 절박한 심정으로 슬로우 미니멀라이프 프로젝트를 신청하여 1일 1개 비움 프로젝트를 시작하게 되었다.

이전에는 청소하려 해도 여기저기 널린 물건들 때문에 어디에서부터 그리고 무엇부터 정리하고 버려야 하는지 엄두가 나지 않아

시도하다 포기하기를 반복했다. 그저 아까운 것을 어찌 버리냐며 버리지 못한 채 이리저리 자리 이동만 전전했었다.

미니멀라이프를 실천하는 비움 프로젝트에 참여하게 된 후, 공지 사항에 그날그날의 실천 목록이나 방법 및 요령 등이 올라오면 그에 따라 행동으로 실천하기 시작했다. 혼자였다면 결코 시작할 엄두조차 못 냈을 정리하고 버리고 비우는 일을 드디어 시작한 것이다.

첫째 날은 화장품 정리와 비우기부터 시작했다. 한두 번 사용하다 만 핸드크림이나 로션, 색깔이 맞지 않아 바르다 만 유통기한 지난 립스틱 등 참으로 버릴 게 많이 나왔다. 유통기한이 지났어도 발뒤꿈치에 바르겠다고 버리지 않고 두었던 영양 크림, 차마 얼굴에는 바르지 못하고 팔에 바르겠다고 두었던 유통기한 지난 선크림 등등. 그동안 버리지 못했던 내가 이상하게 생각될 정도였다. 왜 버리질 못했을까?

둘째 날 의약품에서도 마찬가지였다. 유통기한 지난 마데카솔, 후시딘 연고, 비타민씨 같이 상비약으로 준비했던 연고들과 건강을 위해 복용하려고 사두었던 영양제들의 유통기한은 한참이나 지났다. 먹기에는 찜찜하고 버리기엔 아깝다는 생각에 아주 푹 묵혀 두었던 것이다.

셋째 날, 사용하지 않은 가전제품의 사용설명서, 품질보증서, 가전제품의 전선들, 휴대전화 충전기 등을 비롯해 버릴 물건들이 왜 그렇게 많은지 정말 4~5년 넘도록 단 한 번도 꺼내 보지 않은, 아니 어디에 있는지조차 몰랐던 것들이었다. 윤선생 영어교실 신청 계약서와 휴대전화 샀을 때의 계약서들, 그리고 휴대전화 충전기들과 여러 가지 연결 잭들도 필요한 2~3개 정도를 남기고 모두 버렸다. 못 쓰는 전선들도 제법 많이 나왔다.

넷째 날, 욕실 정리하기. 유통기한 갓 지난 목욕용품들, 샴푸, 컨디셔너, 목욕 타올, 수건 등 최소한만 남겨두고 모두 비워냈다. 락스나 세제 등은 따로 세탁기 다용도실에 보관하고 욕실에는 미니멀하게 최소한의 물건만 남겨두었다. 샤워 후 물기가 남아 있을 때 매직블럭을 이용해 거울과 세면대를 닦아내니 시간도 절약되고 청소도 잘 되어 좋았다. 아침저녁으로 양치하거나, 세수하고 물기가 있을 때마다 닦아내고 3~4일 사용 후 버리면 끝이다. 수시로 닦아내니 대청소할 필요 없이 매일 깨끗함을 유지할 수 있어서 좋았다.

이렇게 매달 21일 동안 실천 미션에 따라 그날그날 비움을 실천하였다. 그러다 보니, 21일 동안 비움의 습관이 조금씩 형성되기 시작하고, 매일 비우다 보니 비울 수 있는 판단 능력이 차츰 빨라지는 것을 느낄 수 있었다.

미니멀 생활을 하면서 중요한 것은 불필요한 물건 사지 않기다. 사게 되더라도 1개 샀을 때 바로 1개 비워내야 한다. 그래야 물건이 추가로 늘어나지 않기 때문이다. 미니멀을 시작하기 전에는 매년, 계절마다 입을 옷이 없다며 투덜대고 불평불만이었다. 옷을 살 때면 비싼 옷은 엄두도 못 내고, 가성비를 따져 그나마 맘에 든 저렴한 옷을 사곤 했다. 그렇게 사서 입다가 어느 순간 맘에 들지 않아 방치해 두었던 옷들을 과감히 비워내기로 했다. 생각해 보니 2022년~2023년 12월 현재까지 옷을 사지 않았다. 신기한 일이다. 그러나 무조건 사지 않는 주의는 아니고, 나에게 꼭 필요하면서 맘에 드는 옷이라면 기꺼이 살 것이다. 다만 지난 2년 가까운 기간 동안 옷을 사지 않은 것은 그다지 물욕이 생기지 않았고, 스스로 어느 정도 제어를 했기 때문이었던 것 같다. 과거와 달리 무조건 싸다고 해서 사지 않았던 것인데, 이 또한 큰 변화이고 좋은 습관이 생기게 된 것 같다.

미니멀라이프를 실천하는 나의 목표는 우리 가족에게 맞는 최소한의 필요한 물건들만 소유하고, 그에 따라 넓어진 공간 여백이 있는 장소를 추구하는 것이다. 아직 비워내기가 계속 진행 중이고, 앞으로도 계속해서 물건들이 늘어나지 않게 할 것이다. 현재 내가 소유하고 있는 물건들도 계속해서 줄여나갈 것이다. 미니멀라이프를 실천하고 관련 도서를 읽다 보니 정리에도 관심이 생겨, 여건이 된다면 정리전문가 과정도 공부해보고 싶다는 작은 소망이 생겼다.

무엇이든지 처음의 시작이 어려운 법이다. 할까 말까 고민만 하지 말고, 용기를 내어 도전해보고, 결단을 내려 행동해야만 변화가 생긴다는 것을 이번 프로젝트를 통해 배우게 되었다. 일회성이 아니라 꾸준히(최소 1년 이상) 습관을 유지하는 것이 절대적으로 필요하다는 것 또한 배우게 되었다.

글을 쓴다는 것은 참 좋은 일인 것 같다. 생각의 정리. 나와의 대화. 고민을 털어놓는 과정으로 마음이 정리되는 것 같다. 이 또한 슬로우 미니멀라이프를 통해서 나에게 주어진 시간이 늘어난 덕이라 생각한다. 주변이 정돈되지 않은 채 불필요한 물건으로 가득 채워져 있었다면 지금의 나는 없었을 것이고, 이렇게 컴퓨터 앞에 앉아 글을 쓸 일도 없었을 것이다.

도전하지 않으면 아무 일도 일어나지 않는다. 미니멀에 도전할 수 있었던 것은 나에게 큰 행운이었고, 감사한 일이었다. 새로이 도전하면 또 다른 감사할 일이 생길 것임을 확신하며 오늘도 비움을 계속해 나간다.

정리하고 비우면서
삶의 여유가 생겼다

　미니멀라이프를 실천하면서부터 비워내는 자리에는 공간이 생기기 시작했다. 비워냄에 따라 생겨난 공간들, 이 공간들이 많아질수록 내 마음에도 여유가 생겨나기 시작했고, 이런 환경이 신선해서 좋았다. 불필요한 물건들로 둘러싸여 답답했던 공간이 조금씩 숨통이 트이기 시작했으며, 마음도 몸도 가벼워짐을 느꼈다.

　이후부터는 물건들을 사용하고 나서 뒷정리를 하지 않아 여기저기 어지럽게 나뒹굴던 부엌 살림살이를 정리하면서, 주로 쓰는 것만 가까이에 두고 사용했다. 오랫동안 사용하지 않는 새 물건들은 필요한 이웃들에게 나눔을 실천하고, 다 읽은 책들은 책장에 꽂아두는 대신 중고서점인 알라딘을 이용하여 팔았다. 그 또한 꽤 쏠쏠한 현금 흐름을 발생시켰다.

　2022년 1월부터 건강상의 이유로 전일 근무제에서 반일 근무제로 변경하면서 근로소득은 1/2로 줄어들었다. 시간적 여유가 생기는 것은 좋았으나 생계에 바로 직결되는 급여가 절반으로 줄어드니 그 외에 불필요한 것들을 멈추거나 끊어야 했다. 아이들의 학원 수도 줄여야 했고, 외식 횟수도 줄이는 등 줄일 수 있는 모든 것은 다 줄여야 했다. 처음 몇 달은 기존에 쓰던 씀씀이가 있어서인지 여유를 부렸지만, 차츰 마이너스 금액이 늘어남에 따라 가계 경제에 빨간불이 들어오기 시작했기 때문이다.

이대로는 안 되겠다는 생각에 허리띠를 졸라매기 시작했다. 그때 마침 미니멀라이프를 시작하면서 매일 가계부를 쓰기 시작했고, 아이들에게는 미안하지만 꼭 필요한 학원만 남기고 나머지는 끊었다. 특히 셋째 아이는 운동을 줄넘기로 대체하고, 재미없어 했던 수학학원도 과감히 끊으면서 영어는 엄마표 영어로 하고, 좋아하는 국어논술만 보냈다. 둘째 아이는 수학을 무척 좋아해서 수학학원만 보내고 영어는 끊었다. 부족하고 못하는 과목을 보완하는 것도 필요하겠지만, 잘하는 것을 더 잘하도록 만들어 주는 게 좋겠다는 생각으로 억지로 다니는 학원을 끊어내서 최소 60~70만원이 절약되었다.

이때 내가 읽은 책이 최승필 작가님의 〈공부머리 독서법〉이었다. 독서모임을 하면서 정독하며 읽은 책으로, 고민을 많이 해오던 사교육과 관련해서 학원을 끊게 하는 원동력이 되었다.

불안감이 없지는 않았으나, 그 결단으로 아이들과 나는 오히려 관계가 좋아졌고, 절약된 학원비로 아이들에게 더 좋은 음식을 먹이고, 시간이 늘어나자 함께 대화할 수 있는 여유까지 생겼다.

우리 가족은 5인이라 사교육비 다음으로 식비가 꽤 많이 나간다. 미니멀을 통해 버리거나 비우기를 실천하면서 시간적 공간적 여유가 생기니 우리 가계 재정에도 저절로 관심이 가게 되었다. 그 무렵 〈50대에 도전해서 부자되는 법〉 저자인 꿈꾸는 서여사님의 책을 읽고 '7만 원으로 1주일 살기' 라는 게 정말 가능할까 싶어 반신반의로 원데이 특강을 들으면서 프로젝트에 참여해 보았다. 우리는 5인 가족인 만큼 일주일에 7만 원 살기가 어려워 일단 목표금액을 10만 원으로 설정해 거기에 맞추어 생활하려고 노력하였다. 실제로 한 달 따라 해보니 소비지출이 정말 많이 개선될 수 있었다. 신기한 것은 그렇게 따라 하는 것이 즐겁고 재미있었으며, 제한된 예산 범위 내에서 살아보려고 하니 놀랍게도 지출이 저절로 통제되어 돈을 쓰지 않는 재미가 생기기도 했다는 것이다.

미니멀라이프를 실천하기 전의 나는 남편과 함께 신용카드를 여러 장 소유했다. 각 카드별 혜택이 다수의 카드를 소유하는 이유였는데, 예를 들면 놀이공원 50% 할인 혜택, 주유 10% 할인 혜택, 관리비/학원비 할인 혜택 등이 그것이다. 이렇게 혜택이 있다고 만들어 놓은 신용카드가 국민카드 2개, 신한카드 1개, 롯데카드 2개, 우리카드 2개 등 총 7개였다. 사실 미니멀라이프를 실천하고 있는 지금까지도 성격상 불필요한 신용카드를 과감하게 잘라 버리지는 못하고 있지만, 현재 실제 사용하는 것은 비상용 국민카드와 롯데카드 2장 뿐 그 외의 것들은 모두 체크카드로 교체했다. 매달 생활자금은 통장에 넣어두고 한도 내에서 체크카드를 사용하고 있다. 예비비로 3개월 치를 저축해 놓는 것이 목표이지만 아직 1달치 밖에 만들지 못했다. 정해진 월급 외 추가 수입을 만들기가 쉽지 않은 빠듯한 생활 속에 여분의 예비비를 만들기란 굉장히 어렵다. 결국 내가 할 수 있는 일은 지출을 줄일 수밖에 없었다. 그래서 새로운 수입 대신 새어 나가는 지출 구멍을 메우는 것만으로 돈을 모은다는 생각으로 가계부를 매일 쓰면서 스스로에게 피드백을 했다.

그렇게 각고의 노력을 한 결과 2023년 3월에 드디어 마이너스 통장을 없애는 쾌거를 이루었다. 20여년 전 입사하면서 만들어 줄곧 내 삶과 함께했던 마이너스 통장을 드디어 없앤 것이다. 오랜 기간 나는 주변 사람들에게 푸념을 남발했었다. "내 인생은 항상 마이너스야, 월급 타면 다 손가락 사이로 빠져나가 버린단 말이야. 인생이 마이너스 통장과 같아!" 라고 말이다. 그랬던 내가 세상에! 진짜 마이너스 통장을 없애고 '빚 속의 여인'에서 탈출한 것이었다. 이날은 정말 역사적인 날이었다.

신용카드와 마이너스 통장을 없애면서 무엇보다 홀가분한 것은 심적 부담이 적어진다는 것이다. 알다시피 신용카드와 마이너스 통장은 무분별하고 충동적인 소비를 조장하는 경향이 크다. 결국 우리의 삶을 미래소득에서 돈을 끌어다 쓰는 가불 인생으로 만들어 버린다. 신용카드 대금과 마이너스 대출을 갚고 나면 당장 생활할 돈이 없으니 다시 카드와 마이너스 통장을 쓰게 되는 악순환이 반복되기 때문이다. 이러한 마이너스 인생의 늪에서 빠져나와 적게나마 돈을 모을 수 있게 된 것도 미니멀라이프의 힘인 것 같다. 불필요한 물건을 비워내듯이 불필요한 소비지출을 통제하고, 부정의 기운도 비워낼 수 있게 만들어 주었기 때문이다.

나는 '결단'이라는 단어를 좋아한다. 결단을 내리기까지는 오랜 시간과 시행착오가 필요하지만, 그런 과정들이 있었기에 후회 없이 결정을 내리게 되는 것 같다. 이러한 나의 결단과 이를 바탕으로 한 미니멀라이프 실천 뒤에는 역시 남편과 아이들의 희생과 도움이 있었고, 그러한 희생과 도움이 절대적이었다고 해도 과언이 아니다.

 항상 옆에서 응원해주고 협조해준 가족들~
 너무 너무 고맙고, 사랑해~

누구에게나 꿈꾸는 집이 있다

 어릴 적 우리집 마당에는 석류나무와 감나무가 있었고, 어머니께서는 정원에 다양한 화초들을 심고 예쁘게 가꾸셨다. 가을이면 보석처럼 반짝이며 알알이 박혀있는 예쁜 석류를 맛보았는데 석류 알갱이들이 그렇게 예쁜지 그때 처음 알았다. 감나무에 감이 홍시로 익어갈 때면 엄마랑 오빠들과 함께 감을 따며 시간을 보냈다. 그때는 시간도 천천히 흐르고 먹을 것도 햄, 소시지와 같은 가공식품이 아닌 자연에서 부모님께서 직접 재배하신 상추며 파, 부추, 배추, 무, 옥수수 등의 천연식품이었다. 농사일이 바쁠 때면 가끔 엄마 따라 밭에 가서 잡초 뽑기도 하고, 일하시는 엄마 곁에서 들꽃을 보거나 곤충들을 보며 혼자 놀기도 했다. 경제적으로는 여유롭지 못했어도 마음만은 풍요로웠던 시절이 아니었나 싶다. 당시를 회상하면 그때 그 시절의 소박하고 예쁜 모습들이 떠올라 입가에 작은 미소가 지어지곤 한다.

한때는 멋지고 폼나는 호화스런 호텔 같은 집을 갖고 싶었다. 그러나 지금은 불필요한 물건에 휘둘리지 않는 깔끔하고 정갈한 그러면서도 따뜻하고 편안하게 쉴 수 있는 공간의 집이었으면 좋겠다는 생각을 해본다.

밀리카님의 책 〈마음을 다해 대충하는 미니멀라이프〉에 "우리는 사랑했고, 심플하게 살았고, 행복은 공짜였다" 라고 멋지게 표현한 말처럼 우리 가족도 먼 미래에 "우리 가족은 사랑하며 화목했고, 심플하게 살았고, 행복은 보너스였다!" 라고 회상하고 싶다.

나는 이제 입문한 사람이지만 미니멀라이프를 접하게 되어 다행이고, 참 운이 좋은 것 같다. 내 삶을 이제라도 정돈할 수 있게 되었으니까 말이다. 과거를 정리하면서 잘 보내주고, 현재에 집중할 수 있게 해주며, 미래를 꿈꾸며 걸어갈 수 있게 해주는 미니멀라이프는 내 생활의 일부가 되었다.

살면서 주변 환경, 장소를 바꾸는 것만으로도 삶을 긍정적으로 변화시킬 수 있다고 한다. 남편의 회사까지 거리가 멀어 출퇴근 시간을 줄일 겸 이사를 하기로 결정을 내렸다.

우리 부부가 고른 집은 비록 인테리어는 오래되었지만 정리 정돈이 잘된 깨끗한 집이었다. 모델하우스처럼 인테리어가 예쁜 새집이 아니어서 아쉽기는 하지만 24층 창밖으로 보이는 전망은 우리 부부를 상당히 만족시켰다. 새로 이사 가게 될 집에서는 이전보다 더 과감하게 미니멀라이프를 시도해 볼 생각이다.

새로운 집으로 이사가는 날! 이른 아침부터 이사짐 센터에서 사람들이 와서 짐을 꺼내기 시작한다. 9년 동안 한곳에 머무르면서 나름 비운다고 비워냈는데도 저 깊숙한 곳의 짐들이 나타나기 시작했다. 세상에나! 언제쯤이면 심플한 물건들만 남길 수 있을까? 여행 가방 서너 개 정도로 이삿짐을 꾸릴 수 있는 미니멀리스트에 비해 대형트럭 1대와 소형트럭 1대로 이사를 가는 우리집을 보니 아직도 미니멀라이프와는 거리가 멀기만 하다.

이사 준비하며 1차 비우기를 했고, 새로운 집으로 이사 와서 2차 비우기를 하고 있다. 이번에는 아이들도 동참한다. 각자의 방 위치를 알려주며 채우고 싶은 물건들로 채우고 나머지는 비우라고 했다. 이사를 해서 좋은 점은 깊숙한 곳의 버릴 물건들을 많이 비울 수 있다는 점과, 온 가족이 동참해 비우기를 할 수 있다는 것이다. 제각기 모두 즐거운 마음으로 과감히 비워냈다.

21살인 대학생 딸아이는 어렸을 때 발레를 좋아했다. 한때는 강수진 발레리나 팬으로 '지젤' 발레를 보러 가서 강수진 발레리나 언니를 직접 만나 친필사인까지 받았다. 그렇게 발레를 좋아했던 아이가 그 시절 좋아했던 토슈즈 한 켤레만 기념으로 남기고 발레와 관련된 것은 모두 버렸다. 또한 초등학교에서 받은 상장, 소방대 노래경연대회 합창상 등등. 그 동안 버리라고 할 때는 대답만 넙죽 "네~" 하고 버리지 않더니 드디어 큰아이도 과감하게 비워낸다.

그 다음은 둘째 아들이다. 둘째는 남자아이임에도 불구하고 나름 깔끔한 성격이다. 책상과 침구류에는 본인이 좋아하는 물건으로만 배치해 놓는다. 타고난 미니멀리스트인지 의심이 갈 정도다. 소유욕은 없지만 본인이 좋아하는 것이 있으면 용돈을 모아서 사거나, 생일기념으로 사달라고 당당히 얘기한다. 맘에 드는 것이 있으면 다소 비싸더라도 사는 경향이 있다.

다음은 좌충우돌 막내딸로, 이제는 다 컸다고 말끝마다 따박따박 따지고 든다. 말로는 당해 낼 재간이 없다. 그런데 약점이 있다. 그건 바로 정리를 못 한다는 것이다. 정리할 생각도 없고 정리할 필요성도 못 느끼는 것 같다. 바닥에 물건이 나둥굴어 가끔 화를 버럭 내면 그럴 때만 겨우 정리하는 시늉을 한다. 어느 날은 정리를 위한 몇 가지 팁을 주었다. "바닥에는 가능한 물건을 놓지 않도록 해봐, 그리고 책상 위를 아무것도 없게 만들어봐~" 역시나 대답만 "네~" 하고는 미동도 않는다. 내가 치워주면 인사는 잘한다. "엄마가 치워줬어? 내가 치우려고 했는데... 엄마 고마워요! 깨끗하니 공부가 절로 하고 싶어지네~." 엄마 듣기 좋으라는 말로 포장해서 말할 줄도 알고 센스 있는 아이다.

마지막으로 남편은 나보다 모든 면에서 한 수 위다. 결단과 결정이 빠른 편이라 일처리도 빠른 편이다. 다소 우유부단하고 결정 장애인 나랑 사뭇 다르다. 남편은 내가 미니멀라이프를 시작할 때부터 적극적으로 권장하고 도와주며 함께 미니멀하게 살고 싶어 한다.

미니멀라이프를 위해 우리 가족의 비우기는 이사와 함께 본격적으로 시작되었고, 계속해서 미니멀한 집을 만들기 위해 함께 할 생각이다. 새로운 환경에서 각자의 방을 예쁘고 미니멀하게 만들며, 우리가 생각하는 설레이는 집으로 꾸미고 만들어 갈 생각이다. 우리의 미래도 멋지게 그리며, 설레이는 내일, 설레이는 미래의 집을 생각하며 살 예정이다. 우리 가족 파이팅!

삶의 여백을 즐기고 싶다면
일단 비우자

삶의 여백을 즐기고 싶다면 첫 번째로 시작해야 할 것이 일단 버리고, 비우기라고 생각한다. 비우지 않으면 절대로 여백이 생길 수 없기 때문이다. 슬미프를 실천해보니 버리고 비움에도 난이도가 있었다. 나 같은 완전 초보자는 아주 쉬운 단계부터 시작해서 점점 난이도를 높여 가야 한다.

〈인생이 빛나는 정리의 마법〉 저자 곤도 마리에님은 물건의 가치에 대해 얘기한다. 물건을 버리지 못하는 것은 아직 쓸 수 있기 때문이거나(기능적 가치), 유용하기 때문이거나(정보 가치), 추억이 있기 때문이다(감정적 가치). 또 물건을 손에 넣기 어려웠거나 그것을 대체하기가 어려우면 더욱 버리기 어렵다(희소가치)는 것이다.

내 경우에도 미니멀라이프를 위한 비우기에 입문했을 때, 가장 난이도가 쉬운 단계인 화장대, 욕실 정리, 의약품 정리, 계절 지난 의류와 아이들 옷 정리부터 시작했고. 난이도가 제일 어려운 것은 아무래도 서류정리와 추억이 깃든 물건이었다. 정보 가치와 감정적 가치 그리고 희소가치 때문에 비우기가 어렵게 느껴졌던 것이다. 막내딸 아이의 겨울왕국 엘사 옷이 전국을 들썩였던 적이 있었다. 지금은 훌쩍 커버렸지만 아직 그 옷을 가지고 있는데 추억을 간직하고 싶은 마음 때문이리라. 아이들이 점점 커가면서 곧 나에게서 떠날 준비를 하고 있음에도 불구하고, 나는 아직도 아이들의 어린 시절 귀엽고 앙증맞은 그 당시의 모습만을 간직하고 싶다. 품 안의 자식이라고 어른들은 말씀하신다. 내 품에 살포시 안겨 재잘재잘 어린 새 마냥 쫑알대던 귀엽고 사랑스럽던 아이들이 머지않아 떠나게 될 것만 같아 마음 한 켠이 벌써부터 허전하기만 하다. 아이들은 아무렇지 않은데 나만 아이들의 어린 시절 사진과 추억을 여전히 간직하고 있다. 유치원과 초등학교에서 어버이날 기념으로 엄마 아빠에게 준 손 편지들, 종이로 접은 손때 묻은 앙증맞고 귀여운 카네이션 카드를 펼쳐보면 글씨도 삐뚤빼뚤 철자법도 틀리지만 어찌나 귀여운지 혼자 미소 짓곤 한다. 그 시절은 다시 돌아오지 않는데 자꾸 과거 추억 속에 사는 듯하다. 이사를 3주 앞두고 정리를 하고 비워내면서 이제는 앞으로 멋지게 성장할 우리 아이들의 미래를 응원하고 나 역시 아이들과 함께 미래를 계획해 봐야겠다고 생각해 본다.

    비워내기 작업은 과거의 나를 버리고 현재에 충실하도록 만들고, 나를 찾아가도록 해주는 힘이 있는 것 같다. 그동안 남편과 아이들에게만 신경쓰느라 정작 나 자신에게는 소홀히 했는데, 이제는 나를 보듬어 주고 예뻐해 줄 수 있는 마음의 힘이 조금씩 생겨남에 감사하다. 미니멀라이프를 실천하면서 독서를 하지 않았더라면 결코 할 수 없는 일이었을 것이라 생각한다. 계속해서 나의 달라진 모습을 느낄 수 있어서 좋았고, 그런 내가 점점 좋아진다.

미니멀라이프를 처음 접하고 시작할 때는 프로젝트에 참여하여 기본 매뉴얼대로 비우기를 시작했지만, 어느 정도 시간이 지나다 보면 각자 자기 나름대로의 기준이 세워지게 된다. 그리고 지속해서 꾸준히 비우면서 그 상태를 유지하기 위해 노력해야 한다. 그렇지 않으면 예전의 어수선한 상태로 다시 돌아가게 된다.

나는 활용도를 판단해 필요하지 않으면 비운다. 활용도가 떨어지는 물건인데 새 것이라면 좀 더 가지고 있다가 그래도 사용하지 않으면 비우기로 한다. 버리기 아깝거나 버린다는 행위에 따른 부정적 감정을 갖지 않기 위해 나는 물건을 최대한 사지 않는 쪽을 택하기로 했다.

물건을 버리지 않고 갖고 있는 것과, 물건을 소중히 하는 것은 완전 다르다. 평소 나는 물건을 잘 보관하는 편이다. 그런데 단지 그뿐이다. 물건을 잘 활용하여 사용하거나 쓰는 것이 아니라 단순 보관으로 자리만 차지하는 것이다. 내가 좋아하는 운동기구 중 하나가 거꾸리였다. 체력을 키우기 위해 헬스장을 다니면서 운동 맨 마지막으로 근육의 긴장을 풀어주는 기구로, 릴렉스 해주는데 그만한 것이 없었다. 거꾸리에 올라 몸을 120도 회전시켜 휴식을 취하는 것을 좋아하는데, 혈액순환을 위해서 자주 했다. 그러다 헬스장을 다니지 않게 되면서 집에서 하고 싶다는 생각에 사들여 놓은 적이 있었다. 처음 몇 달은 참 잘 사용했으나, 나중엔 빨래 옷걸이용으로 전락하고 말았다. 이따금씩 아이들이 거꾸리에 올라가 장난치고 노는 정도로 활용할 뿐이었다. 그렇게 2~3년을 방치해오다 거실의 한쪽을 차지하게 되면서 더욱 눈에 거슬렸다. 버리자니 아깝다는 생각에 계속 자리만 차지한 채로 있다가 결국 비워내기에 성공했다. 버리고 나니 그 공간이 환해지면서 넓어지니 내 속이 다 시원했다. 이후부터는 자리만 차지하고 사용하지 않는 물건은 과감히 비워내기로 결심한다(거꾸리가 차지하는 면적이 1평 남짓 할텐데, 운동은 요가 매트리스 깔고 홈트 하는 것으로 대체하였다).

　누군가에게는 엄청나게 쉬운 일일지 모르나, 나에게는 그 쉬운 일조차도 엄청나게 큰일로 느껴지는 일이고, 지독하게 왕소심형 성격의 소유자인 내가 조금씩 변한다는 사실에 가끔 나 스스로도 기분이 좋아 셀프 칭찬하게 한다. "잘하고 있다!" 라고.
　비우기는 과거와 예쁘게 작별하는 시간이라고 생각한다. 그리고 지금 현재를 충실히 보내고, 미래를 계획할 수 있게 만드는 힘이 있다고 생각한다. 여기에 추억의 사진 몇 개를 올리고 비울 수 있어서 "감사합니다".

▲ 막내가 즐겨 입었던 겨울왕국2 엘사옷

▲ 개구쟁이 둘째의 어렸을 때 활동사진

▲ 우리가족신문

진정한 미니멀리스트가 되기 위해
오늘도 나는 계속 진행형!

　미니멀라이프를 생활화하며 느끼고 변화되는 것이 여러 가지 있다. 요즘은 '빨리, 빨리!' 라는 말 대신 '즉시 행동 하겠다'는 마음으로 바뀌어 가고 있다. 슬로우 미니멀라이프를 통해 비움을 하면서 주변이 정리 정돈되고 여유가 생겨나니, 더불어 자존감도 올라가면서 조금은 마음의 근육이 붙어 가는 게 느껴진다. 느리고 게으르고 귀찮아하는 과거의 모습 대신, 즉시 행동하겠다는 의지와 삶의 활력이 생겨나고 있다. 앞으로 계속 추구하고자 하는 미니멀라이프를 위해 내가 생각하는 나름의 규칙을 정해보았다.

✦ 나만의 정리 메모

- ⊘ 물건을 살 때 신중하게 고르고 결정하되, 필요하지 않은 물건은 싸다고 해서 절대 사지 않는다.
  - ◇ 물건이 적으면 청소도 쉬워지며, 여유 공간이 늘고 삶에 여유가 생겨난다.
  - ◇ '필요한 것만 산다' 라고 정하면 소비가 통제된다.

- ⊘ 물건 1개를 사면 꼭 1개 비우기를 실천한다.
  - ◇ 물건을 1개 사서 들이면 반드시 이전 물건을 비운다. 늘어나지 않도록 한다.

- ⊘ 고장 났거나 낡아서 새로운 것이 필요하게 되더라도 즉시 구입하지 않는다.
  - ◇ 물건이 없어도 생활에 지장을 주지 않는다는 것을 알게 되었기 때문에, 물건이 없는 채로 며칠, 몇 주 생활해본다.

- ⊘ 먹을 음식은 매번 필요한 만큼만 구입해서 신선한 상태로 조리해 먹는다.
  - ◇ 건강한 먹거리를 실천한다.
  - ◇ 햄이나 소시지 등 가공식품은 되도록 구입하지 않기로 한다.
  - ◇ 오아시스, 생협 등을 이용하되 대량으로 구입하지 않는다.
  - ◇ 아침은 야채 과일식, 밥은 현미, 잡곡을 섞어 밥을 짓는다.

- ⊘ 클린 스팟(Clean spot)을 유지하되 점차적으로 구역을 넓혀가기로 한다. '클린 스팟'이란 집안에서 깨끗하게 청소해 놓은 특정 장소를 의미하는 용어이다.

우리집에서 첫 번째 클린 스팟은 식탁이다.

4인 가족 식탁이지만 5인 가족이 사용하기에 충분하다. 평소 식사 후 식탁은 바로 바로 치우며, 정리 후에는 항상 깨끗한 상태를 유지할 수 있도록 해달라고 아이들에게 주문한다. 각자 먹은 식기류는 설거지 통에 가져다 넣어달라고 하며, 다들 커서 그 정도의 일은 금방 해준다. 그리고 각자 먹은 그릇을 설거지해 달라고 조만간 얘기할 생각이다. 다들 어느 정도 컸으니 자신이 먹은 그릇들을 설거지할 수 있으리라 생각하기 때문이다. 아이들이 집안일에 동참하면서 도왔다는 뿌듯함도 느낄 수 있고, 자신이 한 일이 누군가를 기쁘게 해준다는 사실에 기분 좋은 감정을 느끼도록 봉사 정신도 키워주고, 덤으로 잠깐이라도 가사 일을 도움 받을 수 있고, 여하튼 앞으로는 집안일에 자주 아이들과 남편을 참여시킬 생각이다.

두 번째 클린 스팟은 거실 책상이다.

처음에는 그 자리에 6인용 소파가 놓여져 있었다. 기다란 소파에 비스듬하게 기대거나 누워서 TV를 보는 남편과 아이들의 모습이 보기 싫기도 했고, 바람직한 모습은 아니라는 생각에 버리기로 결심했다. 그리고 6인용 원목 책상을 사서 그 자리에 놓게 되었다. 소파가 없어지니 "1인용 소파라도 있어야 하는거 아냐? 누울 곳이 없네?" 이러면서 누울 자리를 찾던 남편은 결국엔 안방으로 들어가 침대에 눕는다. 놀기 좋아하는 아이들은 거실에 나와 놀려다가 소파가 없으니 자동적으로 원목 책상 의자에 앉는다. 아이들은 신기해하면서 이야기를 나누기도 하고 놀기도 한다. 숙제해도 되냐고 묻길래 속으로 쾌재를 부르며 "당근이지" 하고 대답한다.

얼마나 흐뭇한 광경인가! 우리 부부는 맞벌이라 주중에는 아이들과 함께 할 시간이 없고 주말이 되어야 겨우 가족이 만나서 대화라도 나누게 된다. 나는 남편에게 얘기해 주말마다 시간을 정해두고 함께 아이들과 독서를 해보는 게 어떻겠냐고 물어봤다. 다행히도 남편도 아이들도 모두 동의해서 우리 가족은 함께 독서를 시작하게 되었다. 단지 미니멀라이프를 하면서 가족이 독서까지 하게 되다니 얼마나 행복한 일인지 모르겠다.

세 번째 클린 스팟은 현관문 앞이다.

그 집의 첫 인상을 주는 곳이기 때문에 항상 깨끗하게 하고, 가능한 아무것도 없는 상태로 유지하려고 노력하는 곳이다. 식구가 5명이기 때문에 5켤레의 신발과 2~3개의 현관 슬리퍼까지 두게 된다면 7~8켤레가 현관에 놓여져 있다고 상상해 보라. 얼마나 답답한가! 예쁘다고 샀지만 불편해서 신지 못하는 구두, 편할거라 생각하고 샀으나 뒷굽이 낮아 오래 걸으면 발이 아픈 플랫 슈즈, 불편한 여름 샌들, 신발 밑이 닳은 운동화, 잘 신지 않는 남편의 등산화 등등을 비워낸다.

나는 이렇게 우리집의 클린 스팟을 점점 더 늘려 나갈 생각이다. 언젠가는 모델하우스 같이 심플하게 정돈된 집으로 되어가길 희망하며, 오늘도 나의 비우기는 계속 진행형이다.

3장

나를 돌보는
힐링 비우기

·이세경·

주부경력 10년이 넘었지만 살림고수 이야기는 먼 이야기. 오랜 짐들이 쌓여가는 만큼 마음의 짐도 커져가고 집은 불편한 장소라 생각했다. 비움과 정돈은 평생 습관이라 오늘 다소 부족해도 내일 좀 더 비워내면 된다. 이 사실을 몰랐던 과거에는 하루종일 집안 정리로 몸살을 앓고 원래대로 돌아오기를 반복했다. 주변 소개로 슬로우 미니멀라이프 프로젝트에 참여하면서 꾸준히 하루 한 개를 비워가는 작은 몸짓을 따라 삶의 모든 영역에 변화를 체험 중이다. 앞으로 목표는 느긋한 가족들의 자발적 동참을 이끌어 내는 것이다.

○블로그 · https://blog.naver.com/chichiyam

간단한 프로젝트 큰 행복!

글을 쓰기 전 두려운 마음이 앞섰다. 어딜 봐도 뭔가를 꺼낼만한 솜씨도 없고, 거기다 글재주도 없는 사람이기 때문이다. 지금도 여전히 자신 있게 글을 쓰는 게 아니다. 단지 이 글이 한사람에게 작은 시작이 될 수 있다면 좋겠다. '일단 하나라도 버리자'로 시작해 어느덧 1년을 보내온 나의 이야기가 누군가의 이야기로 이어지길 바라는 마음으로 시작해 본다.

결혼과 동시에 살림은 하나둘 늘어갔다. 새로운 가족을 맞이할 때마다 우리집 공간은 좁아지고 있었다. 그런데 늘어가는 살림이 한 번씩 정렬을 갖추는 날이 있었으니 바로 이사 가는 날이었다. 어떨 때는 이삿짐센터 직원이 정리해 둔 옷장을 몇 년째 그대로 사용하기도 했다. 너무하다 싶은 생각이 들기도 했지만 아이 둘을 낳고 독박 육아를 하던 내 체력은 바닥인 상태였다.

그러나 마음은 늘 정돈된 집을 꿈꾸고 있었다. 그래서일까 집 정리 방법이나 비우기 영상에 관심이 많았다. 영상을 보면 대부분 큰 상자에 사용하지 않는 물건들을 담아 정리하는 식으로, 혼자서 할 수 없는 것들이었다. 아이들은 어렸고, 하루 정도 아이들을 맡겨 비운다고 해결될 상황이 아니었다. 그저 '당장 우리집 정리는 불가능하겠구나' 라는 생각만 선명해졌다. 집에 있으면 치워야 할 것들이 눈에 밟혀 일부러 외출하기도 했는데, 잠시나마 안 보이니 살 거 같았다. 그러나 그것도 잠시 밀린 숙제 쌓아 놓은 사람처럼 마음의 짐은 쌓여만 갔다.

당시 집이라는 공간이 내게 주는 감정은 '불편함'으로, 나만의 공간은 침대뿐이었다. 침대에 누워있는 시간을 즐기는 사람이 아니었기 때문에 벗어나고 싶었다. 우리집에는 나만의 책상이 없어 침대에 기대어 책을 읽었고, 그러다 보면 어느 정도 시간이 흐른 후 피로감에 눕고 만다. 10분만 쉬다 집 정리를 하자는 다짐은 늘 실패했다.

웬디 우드의 〈HABIT〉에서 독일 출신 심리학자 쿠르트 레빈은 인간 행동이 특정한 힘에 영향을 받는다고 주장했다. 그 힘의 정체는 우리를 둘러싼 상황이며, 문제를 해결하기 전에 먼저 상황을 정리하라고 한다. 저자 또한 의지력에 기대어 자책하는 대신 유리한 상황에 자신을 놓아두라 말한다. 이러면 안되겠다 싶어 굳게 마음먹고 결혼 후 15년 만에 작은 책상 하나를 구매해 안방에 두었다. 폭이 좁아 독서와 필기를 동시에 해내기는 힘들었지만, 생각보다 큰 힘을 발휘하는 공간이 되었다.

이후부터 새벽에 일어나 독서를 시작했다. 온라인 모임으로 만난 분들과 서로 응원하며 성장해 나갔다. 환경 재배치를 통한 변화의 시작이었다.

이때 슬로우 미니멀 프로젝트를 만났는데, 프로젝트를 통해 방치해 둔 집 정리와 정돈을 해결할 수 있을 거 같은 생각이 들었다. 1년간의 프로젝트였고, 한 달 21일 동안 매일 하나씩 비워내는 미션이 주어졌다.

처음 프로젝트를 시작했을 때에는 의욕이 앞서 몽땅 비워냈다. 유통기한 지난 일회용 화장품, 몇 년째 뚜껑조차 열지 않은 화장품 등 공간을 가득 채우고 있던 많은 물건을 속 시원히 털어냈다. 이렇게 비워내다 몸살 나는 거 아닌가 싶게 비울 물건이 많았다.
비우기 순서는 집안 공간을 나눠 진행했다. 예를 들면 오늘은 화장대 위 안 쓰는 물건들을 비우는 것이다. 다음 날은 거실 장 위에 아무것도 올려두지 않는 상태로 정리하고, 다음 날은 욕실 장 순으로 한곳씩 비워내는 방식이다. 하루에 한 공간을 다 비우지 못해도 꾸준히 하면 혼자서도 가능한 일이었다. 그동안 왜 몰랐을까 싶을 정도로 단순했다.

중점을 둔 공간은 주방이었다. 주방은 제2의 나만의 공간이다.

요리에 편리한 동선으로 그릇과 도구들을 정리했다. 냉장고 속 재료들도 비워낸 후 위치를 정해 주었다. 고감히 몇 년 묵은 식재료들을 버리고 나니 요리 시간도 단축되고 힘이 덜 들었다. 정리하고 보니 나는 효율적인 걸 좋아하는 사람이라는 것을 알았다.

어느 정도 시간이 지나자 처음처럼 버릴 물건이 많지 않아서, 이후로는 자유롭게 1일 1비우기를 했다. 이때부터 비움은 천천히 일상에 스며들었다. 비움은 큰 물건도 비워내야 하지만 우리가 살면서 생기는 잡다한 것들을 매일 비워내는 것임을 알게 되었다. 정리에 대한 막연한 두려움이 사라지고, 비워낸 공간을 보고 있으면 마음에 여유가 깃든다.

지금도 누군가 불시에 방문한다고 하면 바로 문을 열 자신은 없지만 더 이상 중요하지 않다는 생각이 든다. 이사 대마다 집 보러 오는 사람들을 위한 깜짝 정리가 아닌, 지금 살고 있는 가족과 나를 위한 매일의 습관을 만들어가는 것임을 이제는 안다. 그래서 나만의 스타일로 평생 하는 것이 중요하다고 생각된다.

비움이 가져다 준 변화들은 나비효과처럼 삶의 모든 영역에서 퍼져 나갔다. 더 이상 물건을 쌓아 두지 않기 위해 소비계획도 하게 되고, 가계부도 꾸준히 적었다. 가계부를 적으며 식비 절감 효과도 누렸고, 시간 관리도 함께했다.

모든 것들은 자연스럽게 이어졌다. 해야 하는 의무감이 아닌 해내는 기쁨이 있었다. 많은 것들을 하는 것처럼 보이지만 삶은 더욱 단순하고 편리해졌다.

"함께 하면 멀리 간다"는 말이 있다. 사실 나는 꾸준히 할 수 있는 사람이었나 싶을 정도로 포기가 빠른 사람이었다. 1년을 돌아보니 혼자서 해낸 것이 아닌 프로젝트에 참여한 멤버들과 함께였기에 가능했다고 생각한다.

비우기 공식이 생겼다

어릴 때 우리집은 청소를 강제적으로 했다. 휴일 아침에도 늦잠은 없었으며, 하루의 시작은 집안 곳곳을 쓸고 닦는 것이었다. 추운 겨울에도 환기를 위해 창문을 활짝 열어놓고 네 남매를 깨우셨으며, 유난히 추위를 많이 타는 나는 그때 기억만으로 손이 시리다.

아빠는 집안에 물건들이 쌓여 있으면 가족들에게 묻지도 않고 가차 없이 내다 버리셔서 엄마와 의견 차이가 많았다. 엄마는 물건을 버리지 못하는 편이었기에, 아빠가 버리기 전에 물건을 숨기기도 했었다. 투박하긴 했지만, 아빠는 정리의 기본인 비우기를 실천하고 계신 것이었다. 가족들의 동의 없는 비우기였지만 말이다.

슬미프를 진행하면서 나에게 정리 정돈이 왜 스트레스였는지 알게 되었다. 어린 시절의 혹독한 기억과 더불어 무조건 깨끗해야 한다는 전제만 있었기 때문이었다. 그렇게 정리의 본질을 모른 채 의무감만 지닌 어른이 되었다.

그때의 영향 때문일까? 나는 아이들에게 방 정리에 관해 많은 말을 하지 않는다. 대신 온 가족이 함께 쓰는 거실과 화장실은 깨끗하게 사용하도록 예절을 가르친다. 각자 사용하는 방은 본인이 불편함을 느끼면 하겠지 싶어 놔두고 있었는데 이번 겨울방학은 마음을 돌려먹고 함께 비우기를 진행하기로 했다. 아이들에게도 비우고 정돈하는 삶의 긍정적인 효과를 느끼게 하고 싶기 때문이다. 그동안 내가 열심히 치우면 될 것이라 생각했는데 온 가족이 함께 노력해야 지치지 않고 유지할 수 있다는 걸 알았다. 1년간 실천하며 느낀 점을 잔소리 대신 들려줄 예정이다.

최근 읽었던 정선용 작가님의 책 〈아들아, 돈 공부해야 한다〉에 나오는 정리와 정돈에 관한 명쾌한 내용이 있어 옮겨 본다.

정리란 물건을 필요에 따라 구별하는 걸 말한다. 불필요한 것은 버려야 한다. 버릴 물건을 정하는 두 가지 방법이 있는데 '첫 번째로 최근 사용한 적 있는가? 두 번째로 아직도 나를 설레게 하는가'다. 결국 정리란 비울 물건을 구별하는 것이 되겠다.

정리를 끝내고 나면 정돈을 한다. 정돈은 물건에 최적의 위치를 찾아주는 '물건 제자리 찾기'이다. 비워내도 해결되지 않는 부분이 있었으니 바로 물건 제자리 찾기였다. 예를 들자면 빨래 후 정돈이다. 옷장에 들어가야 하는데 제자리를 잃고 소파에 널브러져 있기를 며칠이다. 주방 식탁에 올려져 있는 물건들도 갈 곳을 잃어 방치되고 있다. 이것이 바로 수납할 공간이 필요한 이유다. 그 공간을 마련하기 위해서는 비움이 선행되어야 하며, 수납공간이 생기면 물건들은 자리를 찾게 된다.

생각해 보면 어릴 때 우리집은 수납공간이 부족했다. 장롱을 제외하고 책상과 책장 외엔 들어갈 자리가 부족했다. 밖으로 나와 있는 물건들이 많을 수밖에 없는 구조였다. 물건이 헤매고 있노라면 거실과 방은 순식간에 지저분해졌다. 지금 우리집은 어릴 때보다 많은 수납공간이 있다. 그럼에도 여전히 자리를 찾지 못한 물건들이 있다.

1년간 비움을 하면서 정돈, 즉 자리 찾기에 대해 정확히 알지 못했다. 비움은 지속해서 진행하고 있었는데 자리찾기를 위한 비움이었나 돌아보게 되었고, 물건들이 눈에 밟혔던 이유를 알게 되었다. 비움을 통해 필요한 물건들만 남기고 그 물건들에 고유의 자리를 찾아주는 것이 비우기의 완성이었다.

글을 쓰는 지금도 주방 식탁 물건들이 눈에 띈다. 자리 찾아주러 가야겠다. 그전에 비우기가 먼저니 비우러 가야겠다. 이어서 비운 물건 중에 나눔과 중고 거래할 게 있나 살펴본다. 비우기와 자리 찾아주기, 나누기와 더하기의 비우기 공식이 생겼다. 어렵지 않다.

'정돈의 핵심은 계속하는 데 있다'라고 한다. 매일 하면 좋겠지만 오늘 못했다고 끝나는 게 아니다. 호흡처럼 자연스러워지기를 연습한다. '성공하는 사람들은 사소한 걸 꾸준하게 하는 사람들이다'라고 한다. 여기서 성공은 누군가 정해준 기준에 맞춘 성공이 아닌 나만의 작은 성공을 꾸준히 해낸 게 아닐까? 생각해 본다. 1년 동안 작은 걸음을 하나 옮기면서 또 다른 성공을 향해 갈 수 있다는 자신감을 얻었다.

요즘 들어 같이 사는 느긋한 사람이 자주 하는 말이 있다.
"난 우리집이 참 좋아~ 여기(거실 식탁)서 커피 마시고 책 읽고 카페 같아~"

슬로우 미니멀라이프를 하기 전엔 들어보지 못했던 말이다. 그렇다고 환골탈태를 한 것도 아닌데 조금 놀라웠다. 전보다 집 분위기가 따뜻해지긴 했다. 물건마다 얘를 어쩌지 고민하며 쳐다보고 있으면 애정도 생긴다. 비울 생각만 했는데 물건들 하나하나에 존재 이유를 생각해 보게 된다. 이러다 미니멀을 잊는 건 아닐까 생각하다가도 버리는 것만큼은 시원시원하다. 아무래도 아빠 DNA를 닮은 듯하다.

나비효과 : 가계부 쓰기와 독서

슬미프를 시작한 2022년은 삶에 전환점을 가져다준 해다. 아빠가 돌아가신 지 얼마 되지 않았고 죽음은 가까이에 있었다. 만일에 대비한다는 것과 경제적인 홀로서기에 대해 고민이 많았다. 일을 하고 싶었지만 쉽지 않았고, 당장 할 수 있는 일은 우리집 경제 살림을 정비하는 것이었다. 달마다 생활비는 부족했고 저축은 불가능했다. 그저 통장에 생활비가 들어오면 확인만 하고 한 달을 소비하기 바빴다.

어느 날 우연히 한 블로거의 일상을 보게 되었다. 앱테크를 통한 수입을 매달 정리하고 있었는데 자주 들어가 보면서 가계부 정리를 해보기로 했다. 처음에는 가계부를 쓰면서 이게 무슨 의미일까 싶었다. 매일 반복해서 지출을 적어도 크게 변화를 느끼지 못했다. 쓰는 방법을 몰랐기 때문이었다. 한두 달 적어 보니 얼마를 사용해야 한 달을 버틸 수 있는지 정도는 파악이 됐다. 당시 내 블로그에 적어두었던 글이 있어서 가져와 봤다.

"가계부를 꾸준히 쓰면서 돈의 사용처를 정확히 인지하고 있는 것이 중요하다고 본다. 처음엔 굳이 이걸 쓴다고 뭐가 달라지나 생각했지만 10원, 100원 소중히 여기는 마음이 생기면서 과소비가 줄어들게 되고 마음의 여유도 생긴다."

여기서 마음의 여유란 사용하는 돈의 행방을 알고 있을 때 느끼는 감정이다. 돈도 쓰임에 맞게 자리를 정해주면 막연한 불안감이 사라지고 여유에 더해 여윳돈도 생긴다. 이후 가계부 특강을 들으며 구체적인 방법들을 익혔다.

먼저 생활비를 고정비, 변동비, 식비로 나눠주었고, 각각의 통장을 따로 만들어 그 안에 넣어두고 사용했다. 고정비를 줄여보려고 음원사이트 회원권도 해지했다(개인적으로 큰 결심이 필요했다). 유튜브 유료 회원권도 마찬가지였다. 보험도 꼭 필요한 것만 남기고 정리해 주니 새는 돈이 줄었다. 변동비와 식비도 정해진 예산에서 사용하려고 매달 노력하고, 변동비에서 남은 돈은 비상금 통장에 모은다. 부수입이 생겼을 때도 비상금 통장으로 넣어둔다. 간단한 것 같지만 이 모든 과정이 자리 잡기까지 시간이 걸렸으며, 저축으로 이어지기까지는 1년이 걸렸다. 저축이란 게 누군가는 어렵지 않은 일인지 몰라도 매달 할부금에 교육비까지 내고 나면 빠듯한 삶이었다.

만약 통장에 천만 원의 보너스가 생긴다면 어떻게 사용할 것인가? 지금의 나는 특별히 달라질 게 없을 것이다. 가계경제 기초를

단단히 세웠기 때문이다. 그러나 예전에 나는 달랐다. 남편이 회사에서 받은 성과금이 생겼을 경우, 과연 이 돈이 언제까지 유지될지, 아니 얼마 만에 사라질 건지 어쩔 줄 몰랐다. 불안했던 그때의 감정을 잊지 못한다. 돈 그릇이 작은 사람이었고, 돈 감각 또한 없었다. 담을 준비가 되어있지 않은 상태였기에 담아낼질 못하고 빠져나갔다. 이건 수입이 많고 적음의 차이가 아니다. 가계부 수업 강사님이 하셨던 이야기가 있다. 300만 원 버는 사람이 100만 원 저축하는 것과 1,000만 원 버는 사람이 100만 원 저축하는 것을 예로 들어 설명했다. 너무 극단적인 예로 들리겠지만 의외로 버는 만큼 씀씀이가 커져 돈을 모으지 못하는 사람이 많다고 했다. 적게 벌었지만 소비를 절제하고 저축 습관을 지닌 사람은 훗날 수입이 늘어나면 담아낼 능력 또한 성장해 있으리라 본다.

가계부 쓰기가 유지되고 탄력을 받은 계기는 슬미프를 만나고부터다. 가장 줄이기 힘든 식비를 주방 정리와 냉장고 비움을 통해 도움받았다. 이전에는 정리 안된 주방에서 요리하기가 힘들었다. 공간은 확보되어 있지 않고 식기들은 여기저기 흩어져 있어 요리 시간이 고역이었다. 1시간이면 끝날 일이 3시간으로 늘어났고, 요리는 점점 싫어지면서 거사를 치르듯 한 끼를 준비했다. 지금 생각해 보면 이해하기 어려울 정도로 답답하게 살았다. 식비 절약이 힘들었던 이유다. 지금은 집밥을 위해 식단표도 만들었다. 매번 식단

표대로 흘러가진 않지만 '오늘 뭐 먹지?'에 대한 고민을 덜어준다. 고민하는 순간 배달 음식 유혹과 싸워야 하기 때문이다. 가계부 쓰기를 통해 흐름을 파악하니 물건 들이는 횟수가 줄어들었다. 할인 판매나 사은품에 요동치던 마음도 사라지고, 꼭 필요한 물건인지 신중히 구매하게 되었다.

그 해 또 하나의 전환점은 한 권의 책이었다. 이전에는 1년에 5권 정도 읽는 수준으로 책을 보고 있었고, 몰입해서 한 권 읽어 내기가 어려웠다. 나이 탓이라 생각했다. 그러던 어느 날 서점에서 혜성처럼 뜨고 있는 자기계발서가 눈에 들어왔다. 평소 관심 분야가 아니라 지나치려 했는데 인생 역전에 성공한 저자의 전후 모습에 호기심이 발동해 읽기 시작했다. 읽다보니 흡입력이 대단해서 나이 탓이라 여긴 나에게 미안할 정도로 집중해서 읽었다.

이후로 많은 책을 읽으면서 블로그에도 꾸준하게 글을 쓰기 시작했다. 지난 한 해 동안 기록을 보니 총 60권 가량을 읽었다. 누군가에겐 한 달 만에 읽을 권수이고, 누군가는 1년간 100권을 읽기도 한다. 그렇지만 과거의 나와 비교해 본다면 큰 변화다. 매일 글쓰기까지 연결되진 못했지만 1년 만에 책 쓰기를 하고 있다니 감회가 새롭다.

마쓰다 미쓰히로의 〈청소력〉에 이런 글이 있다. '꿈을 이룬 사람들의 공통점은 '청결'이라고 한다. 또한 강한 운을 가진 부자는 정리 정돈이 뛰어나다고 한다.' 청소를 하고 정리 정돈을 한다고 모두 부자가 되고 꿈을 이룰까? 좀 더 정확한 근거가 필요했다. 그러다 곤도 마리에의 〈인생이 빛나는 정리의 마법〉에서 답을 찾았다.

'어지르는 행위는 문제의 본질에서 눈을 돌리기 위한 인간의 방위 본능'이라고 한다. 그동안 나는 정리정돈에 발목 잡혀 사는 인생이었다. 뭔가 집중하려고 하면 집 정리가 산더미라 다른 일을 자꾸 미루고 있었다. 비우기를 시작하면서 변화된 것들은 내가 어디에 집중해야 하는지 명확해졌다는 것이다. 가계부를 쓰고 독서를 하며, 글을 쓰고 긍정 회로를 활발히 사용한다. 나에게 필요한 길을 찾아 한 걸음씩 옮기고 있다.

하루라도 빨리 비우기를 시작해야 하는 이유가 분명해졌다.

축제의 정리 : 비움의 본질

    얼마 전 옷장 정리를 하며 〈인생이 빛나는 정리의 마법〉 저자인 곤도 마리에의 '축제의 정리'를 실천했다. 축제의 정리란 한 번에 완벽하게 비워내는 정리로, 순서는 의류부터 시작해서 책 → 서류 → 소품 → 추억의 물건 순이다. 처음 슬미프를 진행할 때 비워낸 옷장에는 여전히 바깥 공기 한번 쐬지 못한 옷들이 있었다. 이것들을 제대로 비우기 위해 하나도 빠짐없이 거실에 쌓아 놓고 생각을 했다. 한 벌 한 벌 어떤 옷을 남길지 선택하는 시간을 보내며, 생각에 비해 행동력이 부족한 이유를 알게 되었다.

    옷장에 걸려있던 옷들은 얼마나 내 선택이 들어갔을까? 남들에게 보이기 위한 옷, 기호와 편안함보다 가격할인에 맞춰 사들인 옷, 누군가 물려준 거절하지 못한 옷들이다.

    남길 옷을 선택하는 과정은 의식처럼 이뤄졌는데 의식을 치르는 동안 엄숙하기보다 신이 났다. 그동안 원치 않은 옷들에 가려 본래의 나를 몰라주었나 보다. 이래서 축제의 정리인가?

    곤도 마리에의 옷 정리 방법 중 그동안 알고 있는 것과 다른 점을 소개하고 싶다. 평소 대부분 옷은 구김 방지를 위해 옷걸이에 정리한다. 그러나 책에서는 옷걸이 사용보다 개는 방법을 추천하고 있다. 개는 과정은 다소 시간이 걸리고 귀찮게 느껴졌지만, 막상 실천해 보니 처음 정리에만 시간이 걸릴 뿐 공간이 넓어짐을 물론이고 구김도 거의 없다. 공간에 맞는 정리함이 어떤 게 필요한지도 보였고, 수납함부터 사들이던 문제도 알게 되었다.

모든 옷을 개는 방법은 '직사각형' 모양으로 만들고 반으로 접어 말아준다. 이 과정에서 옷을 대하는 정성과 세심함이 들어간다. 올이 풀린 스웨터가 있는지, 구멍 난 곳은 없는지 등 대충 걸려 있을 땐 몰랐던 부분이다.

이번 옷장 정리를 하며 1년간 단 한 벌의 옷도 사지 않았다는 걸 알았다. 인지하지 못할 만큼 물욕이 없었던가? 살림만 하니 외출 빈도가 적기도 했고, 코로나 이후 SNS를 통한 모임이 많아진 것도 이유다. 그래서 알게 모르게 물건의 적정량을 찾게 된 것이다. 적정량이 중요한 이유는 낭비를 줄일 수 있기 때문이다. 아마도 많은 분이 한 번쯤 경험했을 내용인데, 필요해서 샀는데 같은 물건이 이미 있는 경우다. 〈부자가 되는 정리의 힘〉의 저자 윤선현 작가는 영화 대사를 인용해 이를 '재고 파악'이라 했다.

"네가 뭘 가졌는지 아는 것

네게 필요한 게 뭔지 아는 것

너한테 뭐가 필요 없는지 아는 것"

- 영화 〈레볼루셔너리 로드〉 中

이젠 외투와 치마가 몇 벌인지 바지는 몇 벌인지 셀 수 있을 정도다. 이 정도 옷만으로 1년이 충분했고, 오히려 입지 않아 비워 내기도 했으니 확실한 재고 파악이 되었다. 꼭 한번 축제의 비움을 실천해 보길 권한다.

기존에 가진 물건들도 달리 보였다. 평소 물건에 대한 애착이 크지 않았는데, 그 이유는 형제가 많은 집에서 자라 모든 물건을 공유하며 자랐기 때문이다. 물려 입고 물려 쓰면서 명확한 소유권을 가진 물건도 없었다. 내가 가진 것들에 감사보다 없는 것들에 더 많은 에너지를 쓰고 있었다. 그러다 막상 채워지면 귀하게 여기는 마음은 사라지고 소비되는 물건 중 하나로 여겼다. 그저 낡은 건 언제든 대체한다는 마음으로 사용하곤 했다. 그런 이유 때문일까? 물건들에 대한 소중함이 크지 않았다.

2년 전 가족여행으로 떠났던 프랑스 시내 풍경이 기억에 남는다. 도시 전체가 거대한 유적지처럼 오랜 건물을 보존하고 있었다. 그곳에서 높은 건물은 에펠탑이 전부였다. 이곳에 올라 시내 전체를 내려다봤는데 고전 영화에서나 보던 장면이 눈 앞에 펼쳐지고 있어 비현실적으로 다가왔다. 변화하는 시대 속에서 프랑스인들은 옛 건물의 소중함을 잃지 않고 대체 불가한 가치를 지켜간 것이다. 에펠탑이 지어질 당시 프랑스인들의 반대가 굉장했다고 한다. 예술과 낭만의 도시 파리에서 철제 탑은 너무나 이질적인 건축물이었을 것이다. 그만큼 프랑스인들의 정체성은 명확했다.

적극적으로 나를 돌보는 여정은 비움이라는 작은 선택에서 시작되었다. 내가 선택한 물건들을 가치 있게 바라보는 것은 나의 정체성을 만든다. 물건들을 비워내고 남기는 행위는 나의 필요와 욕구를 파악하고 선택에 대한 확신과 판단력을 갖게 한다. 내가 가치 있게 생각하는 것은 무엇인지, 지금 나와 함께 하는 물건들은 어떤 이유로 존재하는지, 당연하게 생각하며 관심에서 멀어진 물건들은 없는지 등에 대해 새로운 시선으로 존재 이유를 바라보았다.

멀리 생각할 것 없이 당장 집에 있는 물건들을 돌아보았다. 유난히 우리집에서 찬밥 신세인 ○○○를 소개해 볼까 한다. 이유인즉 많은 수고를 하고 있음에도 나를 불편하게 하는 물건이기 때문이다. 처음부터 그런 것은 아니다. 아끼는 마음에 씻어주고 비워주기를 몇 달간 지속했다. 매번 이러한 수고로움에 물건이 가진 정체성마저 잊을 정도였다. 분명 청소를 위해 샀는데 본질이 아닌 것에 매달리고 있는 기분이었다. 이렇게밖에 만들지 못하는 개발자들을 향해 마음으로 호소했다. 좀 더 편리한 단계로 진화하고 있지만 내 수고가 빠질 수 없는 부분이 있다.

대부분이 짐작했겠지만 ○○○은 다름 아닌 청소기다. 나는 청소기를 돌리기 전 내부를 비워준다. 어느 날은 이마저도 힘들어 방치한 후, 다음 청소를 이어갈 때도 있었다. 분명 로봇청소기를 사용 중인데 빗자루가 그리웠다. 옷이나 물건 비우기는 어렵지 않았는데 청소기 내부 비우기는 끔찍하게 싫었다. 청소 때마다 불평했는데 길게 설명한 이유는 그만큼 스트레스가 컸기 때문이다.

그러던 어느 날 문득 청소기가 달리 보였다. 갑자기 드는 생각에 순서를 바꿔서 청소가 끝나면 바로 내부를 비우는 과정을 반복했다. 그러다보니 다음 청소 때는 부담이 없었다. 사용 설명서에도 나오는 지침이지만 귀찮다는 이유로 미뤄왔었다. 이 작은 습관으로 작동 버튼 누르는 데 주저함이 사라졌다. 무릎이 성치 못해 걸레질이 어려운 나에게 얼마나 고마운 존재이던가! 긴 머리 여자 셋을 위해 매일 열일하고 있는 청소기의 고마움을 몰랐다. 흰색 청소기라 얼굴 한번 닦아주지 못했는데 처음으로 빛이 나게 닦아주었다. 원래 이리 눈부셨던가? 인사를 건넨다.

"안녕하세요, 이모님!"

삶의 기록 : 성장 이야기

　1년이라는 시간의 의미는 한 해를 보낼 때마다 크게 다가왔으며, 주로 푸념과 자책으로 마무리했다. 새해가 시작됨과 동시에 드러나는 피부 나이에도 슬퍼했다. 오늘보다 젊은 과거들이 행복하지 않았던 이유는 멈춰 있었기 때문이다. 물론 시도해 보고 움직여봤지만 번번이 좌절했던 건 실행으로 옮기기엔 달과 지구만큼 거리가 멀었다.

　영상과 책에서 봤던 예쁜 집들은 비우기를 꿈꾸게 했지만 꾸준히 이어갈 힘이 없었다. 처음 얼마간은 사진 속 집처럼 꾸미고 싶은 마음에 소품도 따라 샀지만, 살림이 하나 늘었을 뿐 변화된 건 없었다.

　한가지 습관이 체득되기까지 21일의 시간이 소요된다고도 하고, 66일이 필요하다고도 한다. 나에게 맞는 방법으로 일단 하루 한 개 비우기로 시작해 보자. 작심 3일을 계속 이어가면 한 달이 된다고 하니 그것도 좋은 방법이겠다. 눈에 보이게 날짜를 체크하고 또는 인증사진을 찍어 남기는 것도 시각적인 효과를 준다. 한 달 마지막은 변화된 우리집에 대한 소감을 적어 두면 이 기록들이 12번 쌓여 1년이 된다.

슬미프를 시작할 때 목표로 작성했던 내용이 있어 적어본다. '갑작스러운 방문에도 자신 있게 문을 열 수 있을 만큼!'이었다.

그렇다면 기준에 도달했을까? 아니다. 여전히 우리집은 비움을 완벽히 끝내지 못했다. 아마도 불시에 누군가 방문한다면 외부에서 만날 것이다. 그러면 이 프로젝트는 실패했을까? 그것도 아니다. 크게 달라지지 않은 집 상태로 프로젝트를 판단한다면 1년 간의 시간은 부질없는 몸짓이었을 수 있다. 그래서 찾아본 인증사진을 보며 알게 되었다. 많은 걸음을 내디뎠으며 작은 걸음이 모여 여기까지 왔다는 것을. 결과만 보면 기준에 미달한다고 생각되지만 1년 전의 나를 비교해 본다면 큰 변화다. 과정에 또 다른 습관들을 이어가고 확장하며 매일 성장하는 나를 마주했다. 흔히 알던 군장이지만 경험으로 이해되는 것과는 차원이 달랐다.

습관들을 통해 성장을 맛보기까지 느릿해 보일 수도 있겠다. 바쁜 세상에 뭐든 빠르게 성과를 내야 할 것만 같아 쿨안하기도 했다. 성격도 급하고 인내심도 부족한데 진득하게 1년을 보낼 수 있었던 건 간단한 미션이었기 때문이다. 작은 걸음으로 시작해 천천히 일상에 스며들고, 다른 습관들을 하나씩 장착해 나갔다. 당시엔 몰랐다. 하나하나 따로 열심을 낸다고 생각했지만 시간이 흘러 돌아보니 모두가 연결되어 있었다. 처음부터 완벽히 비워야 했다면 물건에 압도되어 쉽게 포기했을 것이다. 매일 작은 걸음이라 힘들지 않았고, 노력보다 시스템이 이끌어가는 곳에 나를 데려다 놓았을 뿐이었다.

인간의 뇌는 새로운 것을 실행할 때 거부감을 느낀다고 한다. 우리의 뇌가 편안함을 느끼게 하도록 첫 시도를 쉽게 시작하면 좋다. 개인차가 있겠지만 '이것쯤은 충분히 할 수 있어' 라고 생각되면 쉬운 시작이다. 나에게 슬미프가 그랬다. 덕분에 습관 하나를 채웠고, 다른 영역에도 도전하는 용기와 자신감을 얻었다.

1년간 시간 관리 바인더도 썼다. 매일 성실히 썼다고 할 순 없지만 1주 이상 공백으로 놔두지 않고 이어갔다. 이것 또한 가계부처럼 처음엔 잘 사용하고 있는지 확신이 없었다. 그렇지만 사용하다 보니 집중이 잘 되는 시간대도 파악하게 되고, 낭비되는 시간이 많다는 걸 알 수 있었다. 이제는 할 일을 기록하지 않으면 하루 시작이 안 된다. 일어나면 쓰고, 혹은 자기 전에 쓴다. 시간 관리와 하루 기록은 삶을 관리하고 움직여 가는 주도적인 삶을 살게 한다. 불필요한 일을 줄이고 집중해야 하는 일에 에너지를 사용하는 시간의 미니멀이다.

비우기를 통해 주변이 정돈되자 내면의 변화가 일었다. 가장 필요했고 시급한 부분이었다.

'왜 나는 정리하고 싶을까?'
– 어질러진 상태의 집을 보고 있기가 힘들다.
'왜 보고 있기가 힘든가?'
– 내면의 불안이 높아지고 스트레스가 쌓인다.

왜 내면이 불안한가에 대해 파고들어 가다 보면 정리와 청소에 대한 좋은 기억이 없다. 어릴 때는 어질러진 상태가 되면 아빠의 잔소리와 불호령이 떨어지기 때문에 긴장 속에 살았다. 내 의지대로 했던 행동이 아니었기에 어른이 되어도 정리가 손에 익지 않았다. 집이 엉망이 되는 걸 보며 스트레스만 받고 있었다. '움직이면 되는 거 아닌가? 뭐라도 치우면 되는 거 아닌가?'라고 생각하겠지만 내면의 문제가 행동보다 크게 작용하고 있었다. 어릴 때에는 이해되지 않는 말이 있었는데, 그것은 바로 긍정적으로 생각해 보라는 말이다. 상황이 좋지 않은데 어떻게 긍정적인 생각을 하라는 건지 알 수 없었다.

우리 뇌는 부정적인 것들을 더 오래, 크게 기억한다고 한다. 그래서 긍정적인 생각을 의도적으로 해내려는 연습이 필요하다고 한다. 비우기는 내 안에 부정적인 생각을 비워주고, 일어나지 않을 미래의 불안까지 비우게 했다. 현재의 나를 만나는 여정이 되었으며, 비움을 통해 좀 더 여유롭고 평온한 사람이 되었다. 조급하고 불안하던 마음들을 정리정돈 할 수 있었다. 나를 돌보는 마음이 이기적인 것이 아님을 알게 되었고, 스스로 선택하는 일이 많아지면서 남 탓은 사라지고 내 결정에 책임감이 늘었다.

식습관에도 비우기가 필요하다. '무엇을 먹느냐'보다 '무엇을 먹지 않느냐'가 중요하다. 몸에 좋은 음식들을 익히 알고 있지만 좋지 않은 음식들을 먹기 때문에 건강이 위협받는다.

지금 쓰고 있는 글이 어떤 역할을 하고 도움이 될지 생각해 본다. 비우기 방법이나 결과에 대해 나누기엔 부족한 점이 많다. 할 수 있는 건 솔직한 1년간의 변화를 기록하는 것이다. 집 정리를 하고 싶지만, 막막했던 시절에 걸음마를 시작하는 아이처럼 걸었다. 어느 날은 뛰기도 하고 넘어지는 날도 있었다. 뛰어서 빨리 가거나 넘어져서 잠시 쉬어도 멈추지 않고 이어갈 수 있었던 건 언제든 다시 걸어도 되는 나만의 걸음이었기 때문이다. 예전의 나는 누군가의 기준에 도달하기 위해 투쟁하듯 살았다. 나를 증명하기 위해 부단히도 애를 썼다. 그러나 채워지지 않는 결핍으로 그랬음을 나중에야 알게 되었다. 비움을 통해 얻게 된 정신적 채움이 오늘을 살게 한다. 하루하루 간결한 일상을 쌓아가는 수행자처럼.

미생에서 완생으로 : 책 쓰기 과정

책 쓰기를 하며 지난 시간을 복기해 봤다. 뿌듯함도 있었고 미처 깨닫지 못한 가능성도 발견하는 시간이었다. 반면 한없이 작아지는 순간을 경험하기도 했다. 야심차게 글을 쓰겠다는 다짐으로 얼마간은 어려움 없이 써 내려갔다. 블로그에 글 좀 써본 경험으로 금세 완성할 줄 알았지만 부끄럽게도 얼마 지나지 않아 "내가 무슨 말을 하려는 걸까?"라는 자아 분열이 일어나면서 머릿속에 일시 정지 버튼이 눌린 것처럼 아무리 쓰려고 해도 쓸 수 없는 무서운 날들을 마주했다. 평소 키토식을 하고 있어 간식은 아몬드 정도로 제한하는데 일반 과자를 입에 달고 지내기도 하고, 면 음식도 유난히 아른거렸다. 타인과 비교하는 마음도 기다렸다는 듯이 찾아왔다. 누군가의 우주는 감탄사가 절로 나오는데 나의 우주는? BTS의 소우주를 듣고 마음을 가다듬어 볼까? 그동안 깊이 생각해 본 적 없는 수많은 책의 저자들을 향한 존경의 마음도 가져봤다. 차분해지기가 어려우면서 초고 임박 날이 가까워져 올수록 더해갔다. 완성 못하는 게 아닐까 하는 두려움과 1년 동안 꾸준히 실행했던 것들이 증거라며 자신감을 갖자는 두 자아가 싸웠다.

생각을 정리하고 글을 쓰는 과정은 내 시간과 경험을 솔직하게 쓰는 것이기에 묵묵히 혼자만의 시간을 껴안으며 가야 했다. 가족들에게 불편을 주지 않으려 노력했고, 아이들이 등교한 오전 시간을 무조건 사수해야 했다. 새벽 기상 후 루틴에 변화가 생길 수밖에 없었고, 신문읽기도 그것 중 하나였다. 매일 신선한 기사를 오전에 읽어야 희망찬 하루를 시작하는데 저녁으로 미뤄지기도 하고 그냥 쌓이기도 했다. 주말은 가족들과 보내며 잠시 멈추기도 했다. 모든 상황과 변수들을 누군가 대신 해결해 주지 않는다. 가족들의 응원과 지지는 여전했지만, 오롯이 나의 몫이다.

멘탈 관리가 힘들었던 건 사실이다. 나름의 방법은 아침 루틴으로 눈을 뜨자마자 이를 닦고 미지근한 물을 마신다. 그러곤 책상에 앉아 감정의 미니멀을 시작한다. 노트에 어떤 감정을 비워야 할지 적어보고 긍정 확언으로 무의식에 힘을 실어 준다. 매일 30분씩 챙기면서 바인더에 시간 계획을 기록하고 중심을 잡는다. 계절별 차이가 있지만, 새벽 기상 후 독서는 최고의 집중력을 선사한다. 나름대로 새벽 기상을 위해 노력하는 이유다.

글쓰기 관련 책을 보면 정해진 시간에 규칙적으로 쓰기도 하나의 방법이었다. 이런저런 노력으로 오후 12시 전까지 집중이 잘되는 시간대임을 알게 되었다. 글쓰기에는 용기가 필요하다. 정여울 작가님의 〈끝까지 쓰는 용기〉를 읽었더니 몇 년 전 읽을 때와 또 다른 느낌으로 다가온다. 언제든 꺼내 힘을 얻고 싶은 문장들로 가득했다.

 이리저리 흩어져 있던 감정들을 모아 본래의 자리를 찾아주는 과정도 비우기와 같았다. 언젠가 정리해 주길 바라는 싱크대 그릇들처럼 내내 그 자리에서 기다리고 있었다. 이미 감정 비우기를 적용하고 있었는데 미처 깨닫지 못한 감정들이 고구마 뿌리처럼 딸려 나왔다. 반갑지 않았다. 아니 마주하고 싶지 않아 다시 묻어 두고 싶었다.
 30대까지도 내가 선택할 수 없던 상황들에 원망했다. 그러다가 어느 순간부터 원망만 하는 어른으로 늙고 싶지 않았다. 용기를 내어 이제는 어린 시절의 나를 보듬어 주어야 한다는 것을 안다. 현재의 내가 풀지 못한 숙제를 과거의 나를 만나 풀어야 한다는 것도 글쓰기가 내게 준 용기였다.

 〈어린이라는 세계〉를 쓰신 김소영 작가의 북토크를 다녀온 적이 있다. 아이들의 눈높이에서 벌어지는 순수하고 귀여운 일상을 따뜻한 시선으로 표현한 작가로, 그날은 공저 책을 쓴 다른 작가들과 함께 북토크가 열렸다. 책을 쓰고 있을 때 내적으로 힘든 시간을 보냈다고 했다. 그럼에도 글을 쓰며 어떤 사람으로 살고 있는지 알게 되는 시간이었다고 하셨다.

글쓰기는 '어떤 사람으로 살고 있는지 알게 되는 시간' 이기에 용기가 필요했다. 내면의 힘듦이 글에 번질까 조마조마했던 순간들도 있었다. 내가 하는 생각과 행동이 글이 된다고 생각하니 정신이 번쩍 났다. 허투루 살면서 글만 번지르르한 사람이 되고 싶지 않았다. 일상과 글이 하나 되는 삶을 살아야겠다는 간절함도 어느 때보다 컸다.

결국 글쓰기는 정직하게 나를 마주하는 시간이었다. 1년간 프로젝트를 통한 변화들이 눈부신 성과를 낸 건 아닐 것이다. 삶의 본질에 다가가는 걸음 하나를 옮긴 것으로 생각한다. 슬로우 미니멀 라이프는 작은 걸음의 힘을 알게 해주었고, 나만의 걸음을 걸을 수 있게 해주었다. 자신을 평가하고 채찍질하던 습관도 비워내고, 비워낸 자리에 그동안 못해 준 칭찬을 채워주었다. 비움을 통한 삶의 변화는 앞으로도 계속될 것이고, 나를 돌보는 여정도 계속될 것이다.

독자님들도 슬로우 미니멀 여정을 통해 변화와 성장을 누리길 응원하며 글을 맺는다.

4장

비우기는
꿈꾸는 인생의 시작점

· 이영미 ·

前 옷가게 사장, 現 당근마켓 플랫폼을 사장 마인드로 운영 중. 30년된 아파트에 인테리어 공사한지 18년 된 전셋집에 거주 중이며, 홈스타일링을 받았었지만 집을 사용하는 사람의 습성은 그대로인 것을 간과했었다. 이후 1년 과정의 슬로우 미니멀라이프를 만나 무작정 비우기 시작했다. 꿈꾸는 집을 상상하며 집정리를 하다 보니 어느새 오래된 낡은 집이 상상 속의 집과 닮아 있는 경이로움을 느끼는 중이다. 이미 천개 이상을 비웠지만 '미니멀 게임'과 '1톤 트럭으로 이사 가기'에 도전하고 싶어한다.

○ 블로그 : https://blog.naver.com/dongurami2

나의 낡은 집 이야기

 아픔으로 방치했던 집

부동산에 대해 아무것도 모르던 시절, 일 잘하는 부동산과 신랑의 감정적인 선택으로 급하게 결정되었던 32평 전셋집. 병원에 다니며 둘째를 준비 중이었고 이사 후 인공수정에 성공했다. 그러나 기쁨도 잠시, 9주 후 아기를 유산하고 상실감에 아무것도 할 수 없어 집들이는 고사하고 이사한 집은 포장 이사한 모양새 그대로 방치되었다.

다음 해엔 초등학교에 입학한 아이의 등교 거부증이 왔고, 그다음 해엔 동대문에서 일하던 신랑의 직장이 어려워졌다. 동네 근처로 과일가게 자리를 알아보러 다녔지만 7개월 째 가게는 구해지지 않았다.

그러던 어느 날 10년 전 그만두었던 옷 일이 머릿속에 가득 차기 시작하면서 내가 옷가게를 시작해야겠다는 생각이 들기 시작했다. 너무 또렷한 생각에 이게 맞나 싶어 가장 친한 친구에게도 묻고, 엄마에게도 묻고, 신랑에게도 물으니 모두 찬성이란다.

"네가 좋아하는 일이잖아~", "언제든 환영!"

그렇게 10년만에 옷가게 일을 다시 시작하게 되었고, 퇴근하고 돌아온 어느 날 서로 맞지 않는 가구들과 여기저기 널려 있는 잡동사니들이 눈에 들어오기 시작했다. 일하는데 온 힘을 쏟고 온 후라 손댈 에너지라곤 남아있지 않은 상태에서 답답한 마음이 올라왔다. 책장 하나를 살 때에도 전셋집인지라 저렴한 제품 중에서 고르게 되었는데 몇 번을 실패하고 나니 더 이상 실패하고 싶지 않았다. 물건을 찾아보는 시간도 생각보다 오래 걸리다 보니 이 부분은 전문가에게 맡기고 나는 내 일에 집중하는 것이 더 나은 선택이라고 판단했다.

🏠 전셋집 홈스타일링을 받다

지역 카페에서 정리업체를 검색하여 현장 상담을 받아보았다. 그런데 옷장 정리할 때 사용하는 스마일 바구니가 자꾸 눈에 거슬렸다. 혹시나 다른 바구니로는 안 되는지 여쭈어봤지만, 이 바구니라고 하신다. 무늬 없이 깔끔한 스타일을 좋아하는 나는 그 바구니가 마음에 들지 않았고 가격도 마음에 들지 않았다. 왜인지 돈을 들였는데 다시 원상복구가 된다면 돈이 아까울 것 같았다.

그러다 네이버 검색으로 눈에 들어온 전셋집 홈스타일링! 10년 전부터 집 관련 카페에서 종종 게시글을 봐오던 분이어서 반가운 마음에 조금은 쉽게 신청할 수 있었다. 정리업체보다 높은 가격이었지만 집의 기본 틀을 바꾸는 것이 내가 정리하기 쉬운 환경을 만드는 것이라고 생각했다.

물건 구입에 대한 금액은 개인이 정할 수 있고, 별도의 디자인 비용을 더하여 금액 선정이 되며, 지시하는 대로 따라가기만 하면 되니 편하고 좋았다. 낡은 집이지만 잘 꾸며진 집으로 화장한 듯 각자의 역할대로 제자리를 찾은 거 같아 만족스러웠다.

🏠 전셋집 홈스타일링을 받았지만 사용자의 습성은 변하지 않았다

그러나 집을 사용하는 사람의 습성은 바뀌지 않은 상태였기에 시간이 흘러 낡은 집은 타일이 떨어지고 때가 지워지지 않는 등 그대로의 모습을 드러내기 시작했다. 홈스타일링을 받고 나면 정리가 될 줄 알았지만, 우리의 습성을 바꾸지 않으면 집도 그 전 상태로 돌아가려는 성질을 보인다는 걸 깨달았다. 나를 돌보듯 집을 돌봐주어야 했다.

그렇게 정리를 하고 싶다는 생각이 가득했던 날 슬로우 미니멀라이프를 만나게 되었다. 미니멀라이프는 들어봤어도 슬로우 미니멀라이프는 처음 들어보았는데 공간에 맞게 하루 1개씩 비워나간다는 의미였다. 그렇게 한 달 중 21일간의 1일 1비우기가 시작되었다.

🏠 시각화로 원하는 집을 꿈꾸다

슬로우 미니멀라이프에서 가장 먼저 한 일은 내가 원하는 집을 적어 보는 일이었다. 꿈꾸는 집을 그려보고 나니 물건이 쉽게 비워졌다. 그날 바로 비우지 못하더라도 앞으로 비울 예정인 물건을 인증으로 올린 적이 있는데 그렇게만 해도 며칠 후 그 물건을 비워낼 수 있었다.

지금은 시각화가 습관이 되어 집 정리를 할 땐 좋아하는 집 사진이 머릿속에 자동으로 떠오른다. 낡은 지금의 집도 꿈꾸는 집을 닮아가고 있다는 생각이 든다.

🏠 때로는 큰 자극도 필요하다

정리가 잘 안될 때는 정리 고전 책을 추천한다. 앞서 정리를 먼저 시작한 지인들이 〈아무 것도 못 버리는 사람〉이란 책을 읽고 나서 모든 책을 정리하고 이 책 한 권만 남겼다는 이야기를 들으면서 너무나 읽고 싶었던 책이다. 정신없이 살고 있던 나는 앞부분만 보았는데도 그렇게 강할 수가 없었다. 안 쓰고 방치된 물건들에게서 마이너스 자장이 나온다고 한다. 이 사실을 알고 나니 비싸게 사서 아깝다고 못 버리던 옷들을 바로 꺼낼 수 있었다. 정신이 번쩍 들어 한가득 옷을 담아 기부를 하러 다녀왔다.

그다음 추천받았던 〈청소력〉 책을 읽으면 바로 고무장갑과 걸레를 준비하게 된다. 막힌 세면대를 뚫게 되고, 매직 블록으로 화장실 벽을 박박 문지르며 시원하게 청소를 하게 된다.

자기계발 강의나 정리하는 팀 속에서 자극 받는 경우도 있는데 사람마다 머릿속 울림이 오는 멘트가 있다. 내가 울림을 받았던 멘트 중 하나는 내 아이가 책을 많이 읽기 원한다면 책이 많은 환경을 먼저 만든 다음, 아이를 그 곳에 넣어주라는 말이었다. 그 온라인 강의가 끝나자마자 아이의 책상 환경을 싹 바꿔주었던 기억이 난다.

팀 속에서 들은 이야기가 내게 충격요법이 된 적도 있다. 단톡방 리더님께 전해 들은 어느 방송작가의 이야기로 부잣집을 연출할 땐 물건도 적고 심플한데, 가난한 집은 물건이 가득한 집을 연출해야 해서 힘이 든다는 이야기였다. 그 이야기를 듣고 머리를 한 대 맞은 거 같았다. 드라마들을 떠올려보니 너무 잘 그려졌다. 언제 필요할지 몰라 하나라도 더 쥐고 있으려는 우리네의 마음이 느껴져서 마음 한편이 아렸다. 가난한 집의 모습이 아닌 부잣집의 모습을 따라가야겠다는 생각이 들었다.

나에게 자극이 되는 책과 강의를 들으며 미니멀라이프를 함께한다면 시너지 효과는 배가 될 것이다. 내가 겪어본 슬로우 미니멀라이프는 언제 필요할지 모를 불안을 먼저 버리게 되는 일이었다.

🏠 내가 원하던 여유로운 사람

나는 여유로운 사람이 되길 꿈꾸었다. 나긋나긋 천천히 이야기하고 마음의 여유가 묻어나는 사람들이 부러웠다. 그런데 1년을 비우고 나니 나긋하게 차분히 말하고 있을 때가 예전어 비해 부쩍 늘어난 모습들이 느껴진다. 살림을 잘하고 싶은 마음에 아끼려는 열정과, 배워서 해내겠다는 부동산과 마케팅 공부, 아이를 잘 키우고 싶은 마음에 엄마표로 가르치려는 마음들이 매번 넘치다 보니 시간에 쫓기듯 살아왔고, 할 일들이 늘 많은데 혼자 다 떠안고 해내야 하는 집안일까지 하다 보면 화가 자주 나던 나였다.

그랬던 내가 이제 함께 웃고 여유롭게 대화하고 있다. 감사 일기를 쓰며 감사를 짜내던 날들이 더 많았던 것 같은데 지금은 버려진 신랑의 구멍난 운동화를 보면서 애썼다고, 고마웠다고, 마음에서 우러나오는 감사 인사가 절로 나온다. 낡은 집에서 언제 벗어나나 투덜대기만 했던 나에게 '너도 참 고단했겠구나' 라며 상처 많은 마음 만지듯 집을 어루만진다. '고생했어~ 우리의 보금자리가 되어주어 고마워!'

1,000개를 비워보자

 1일 1비우기

바쁘게 사는 나에겐 이 방법이 너무 잘 맞았다. '그래 이 정도는 할 수 있지' 라는 생각부터 들지 않는가? 이 많은 짐들이 1개씩 비운다고 될까? 싶은 마음이 쏙 들어갔다.

〈성공한 엄마들의 버리기 기술〉 책 뒤쪽에 나오는 '30일간 비우기 일정표'를 참조하여 가장 먼저 비우기를 한 장소는 화장대였다. 처음 한 달 동안은 공간별로 둘러보다 보면 비울 것들이 엄청나게 나와서 저절로 한 보따리가 되었다. 어찌나 개운한지 그 기분을 꼭 느껴보셨으면 좋겠다.

대부분의 사람들은 화장지가 떨어지기도 전에 미리 사다 놓고, 매번 사용하는 샴푸 치약도 세일할 때 미리 쟁여놓는 습관들이 있듯이 나도 그랬다. 어릴 때부터 들어왔던 '미리미리 준비해놔야지~' 하는 말이 주입되어 있어 잘도 챙겨서 구매를 해놓았더랬다.

그러나 지금의 내 모습은 샴푸나 린스는 한 번이라도 더 사용하려고 애쓰고, 치약은 튜브의 반을 잘라 칫솔에 묻혀 끝까지 사용하고 있다. 그전에도 물론 아끼려고 했던 모습들이 있었지만, 마음가짐의 뿌리가 바뀌어 있기에 예전보다 사용량도 적게 사용할뿐더러 마지막 한 방울까지 알뜰하게 사용한다. 그 결과 매달 들어가는 생활용품 구입 시기가 점점 늦춰지게 되었고, 구입비용도 줄어들었다.

집을 정리하다 보면 아이 학교용 자그만 물티슈가 다 마른 상태로 집안 곳곳에서 발견되기도 하여 물을 들혀 잘 사용하기도 했다. 개인적으로 물티슈를 끊어보고 싶어 참을 때까지 참다보니 1년이 넘어갔고, 얼마 전 무얼 사들고 올 사람이 아닌 신랑이 참다 못했는지 다이소에서 물티슈도 하나 사들고 왔더랬다. 물티슈가 전혀 없었던 건 아니었고, 길가에서 받아온 물티슈를 가끔 사용하였는데 불편했나 보다. 그래도 길 가다가 무료 물티슈를 받아오는 날이면 돈이 절약될 수 있음에 넘 감사했다. 없으면 없는 대로 지내보니 매달 습관처럼 해오던 걱정을 줄이기 위한 그 마음이 비워지고, 작은 돈을 모을 수 있는 즐거움으로 채워졌다.

1일 1비우기보다 빠르게 비우는 방법을 살펴보자.

빠른 변화 '포장 파티' : 1개씩 비우기는 성에 안 찬다. 당장 깨끗해지고 싶다고 하시는 분들께 추천해 드리는 빠른 방법도 있다. 넷플릭스에서 〈미니멀리즘〉이라는 다큐멘터리를 보면서 발견한 새로운 정리법이다. 어쩌면 한 번쯤 이런 생각해 보신 적 있지 않을까?

'정리를 하려면 이사를 가야 하는데' 라는 생각 말이다. 〈미니멀 리즘〉은 그 생각을 실행으로 옮긴 라이언이라는 사람에 대한 이야기이다. 통제 불능이었던 그의 인생에서 빠른 변화를 원해 포장 파티를 떠올린 라이언은 우선 이사할 때처럼 모든 짐들을 상자에 담고 포장을 한다. 그런 다음 3주 동안 필요한 짐만 꺼내 쓰기로 했다. 3주 뒤 확인해 본 결과는? 80%의 상자가 그대로 남아 있었다. 그 결과 라이언은 천천히 비워낸 친구 조쉬보다 빠르게 미니멀라이프를 실천할 수 있었다.

일반적으로 물건을 비우기 쉬워지는 때가 바로 이사할 때이다. 이때만큼은 쉽게쉽게 잘도 나눠주고, 싸게 판매도 할 수 있는 시기이다. 포장파티 후 열어보지 않은 잡동사니가 있다면 나눠주고 판매해 보자.

미니멀 게임 : 1일 1개, 2일 2개 이런 식으로 날마다 버리는 개수를 하나씩 늘리면서 한 달을 비우면 대략 450개의 물건이 된다고 한다. 부부가 함께 시작하면 900개를 비울 수 있다고 하니, 함께하면 시너지 효과가 더 크다. 1일 1비우기도 좋지만 이렇게 빠르게 가능한 방법들도 있으니 자신에게 맞는 방법을 선택하여 1,000개 비우기에 도전해보면 좋겠다. 자질구레한 물건 수십, 수백가지를 쟁여두기만 하면 의미가 퇴색되겠지만 의미 있는 물건이 적으면 적을수록 그 물건들의 가치는 올라가기 마련이다.

식습관도 변하네 -6kg

 종이에 적으면 이루어진다

비우기와 식습관은 관계가 있지 않을까? 신기하게도 아침을 과일식으로 바꾸던 그 시기와 비우기 시기가 맞아떨어진다는 걸 기록으로 알 수 있었다. 비우기를 시작할 때 무작정 버리기로 시동을 걸었고, 식습관의 변화는 아침 과일식으로 시동을 걸었었다. 그러면서 계획을 세우기 시작했다.

① 이사 갈 집처럼 집 안 정리를 했다.
② 운동과 건강한 식습관으로 잘 지치지 않는 몸이 되었다.

이런 식으로 이루고자 하는 계획을 이미 이루어진 것처럼 종이에 적어 붙여두고 시작하면 진짜 이루어진다. 현재의 나는 가공식품을 될 수 있으면 안 먹으려 노력하고, 과일 및 채소·단백질을 챙기고자 식단에 신경을 쓰고 있다. 그 결과 원하던 대로 잘 지치지 않는 몸이 되어있는 것이 신기하다. 아침 과일식을 계속 이어 가고 싶지만 식비가 많이 들어 현재의 식단은 이렇게 바뀌었다.

아침. 방탄커피* 또는 그릭 요거트

점심. 한식(보리 섞은 잡곡밥 1/2공기)

저녁. 한식 또는 가벼운 간식

방탄커피를 마시면 속이 편하고 몸이 가벼워 오전에 할 일을 끝내기 좋았고, 늦은 점심을 먹게 되면 입안에서 밥알이 한톨한톨 느껴질 정도로 내가 무엇을 먹고 있는지 잘 느껴졌다. 식사에 대한 감사한 마음이 절로 올라온다. 탄수화물 식사를 오후 5시 안으로 마치니 잘 때 속도 편하면서 체중감량은 선물처럼 따라왔다. 가끔 과자와 빵을 먹기도 했지만, 결과적으론 양도 줄고 식사 속도도 달라져 있었다. 운동 없이 6kg이 줄어있었다. 나이 먹어 0.1g도 빼기 힘들다며 도저히 안 빠진다고 투덜대던 때가 엊그제 일 같다. 식습관과 비우기와 부를 가지는 것은 모두 연결이 되어 있다는 걸 비우면서 알게 되었다.

---

*방탄커피 : 블랙커피에 목초 무염방식의 버터와 코코넛 오일을 원재료로 하여 만든 'Brain Octane Oil'을 블렌딩하여 마시는 커피. '버터커피' 라고도 불린다. 2009년에 실리콘밸리의 억만장자 사업가인 데이브 애스프리(Dave Asprey)가 개발한 레시피로, 국내에는 2018년 경에 저탄수화물 고지방 식이요법 붐과 함께 유행하기 시작한 커피이다.

🏠 없으면 없는 대로 요리하기

이것이 처음부터 되는 사람도 있지만 나 같은 완벽주의 성향인 사람에겐 쉬운 일이 아니다. 필요로 하는 재료가 갖춰져야 그 요리를 시작했었는데 막상 해보니 그냥 하면 되는 거였더라. 가족들도 눈치 못 채고 잘 먹어준다. 완벽한 식사를 내주고 싶은 마음에서 벗어난다면 가능한 일이다. 나는 이제 없어도 되는 재료를 일부러 빼고 요리 할 정도로 능숙해졌다.

단무지 없는 김밥
계란 프라이 빠진 깍두기 볶음밥
감자 빠진 장칼국수
파인애플 빠진 목살 스테이크

어릴 적 먹어왔던 대로 꼭 있어야 할 것 같은 느낌에 습관처럼 그 재료들을 찾곤 한다. 있으면 더 좋은 것일 뿐 없으면 없는 대로 요리해 보자. 재료비를 아끼면 나의 가계 경제가 숨을 쉴 것이다. 더 나은 가계경제가 되고 싶다면 가계부 쓰기와 식비를 미리 정해두고 사용하기는 필수이다.

🏠 식습관에도 자극 독서가 필요하다

소식주의자, 채소·과일식 같은 건강식단에 대한 책들이 많다. 자연식물식을 하는 동물들은 암이나 성인병에 걸리지 않는다는 이야기가 있다. 생각해 보니 과자에서부터 밀키트 모두 가공식품이며, 편하게 포장되어 나온 샐러드조차도 방부제가 들어간다. 추천받아 안심하고 주문했던 밀푀유 밀키트에도 들어있었는지 두 숟가락 먹자마자 알러지가 올라와 고생한 적도 있다. 나에겐 화학적 알러지가 있는데 처음 보는 성분의 요상한 이름이 적혀있거나 그 양이 어마하게 들어갔다거나 하면 알러지가 대신 증명해주었다. 우리가 물건을 왜 비워야하는지, 건강한 식습관을 왜 해야 하는지 알려고 해야만 안 좋은 행동을 멈추고 좋은 행동의 습관으로 만들어 나갈 수 있는 것이다.

필자도 아직 바꿔야 할 습관들이 많다. 함께 챌린지를 하며 한 달 동안 과자 안 먹기를 해보고 싶다는 생각이 든다(책을 쓰는 동안 좀 많이 먹었다). 비우기를 잘하다가 멈춰지는 계기가 오면 식습관도 같이 무너졌고, 다시 비우고 정리를 하면 식습관도 다시 잡혔다.

우연히 본 유튜브 댓글에서 과자 셋팅 후 1분 기다리기를 한다는 글을 본 적이 있다. 요렇게나 귀여운 작은 성공 이루기를 스스로 만들어내는 행동이 참 기발하다는 생각이 들었다. 우리도 이런 작은 행동부터 실천해 보자.

프랑스인들의 심플 라이프

🏠 **식사는 원플레이트, 평상복의 제복화 시스템과 쓰레기통은 주방 쪽에 하나**

〈프랑스인들의 방에는 쓰레기통이 없다〉라는 책을 읽게 되었다. 이 책에서 프랑스인들의 삶을 읽으면서 계속 느낀 것이 '이거 모두 내가 하는 건데?' 였다. 얼핏 봐도 내츄럴한 머리에 거의 매번 비슷한 옷과 신발을 신고 다니다 보니 "짠테크 중입니다" 하는 멘트가 절로 나오곤 했는데 이제보니 나는 프랑스인들의 심플 라이프를 하고 있었다. 지금의 내 체형에 가장 잘 맞기에 감사하게 잘 입고 있는 것이라는 생각이 들었다. 사실 나는 나를 가장 잘 표현하는 옷으로 번갈아 입을 몇 벌이면 만족하고, 나에게 가장 잘 맞는 신발 한 켤레면 충분하다.

음식을 차리는 데 오랜 시간이 걸리지 않는 심플한 식사를 좋아하고, 치우는 것도 간단한 원플레이트 식사를 선호한다. 한식은 손이 많이 가니 밀키트 식으로 미리 만들어두기도 한다. 실제로 방안에 쓰레기통을 치우고 주방과 가까운 작은 베란다 한 곳에만 두었더니 쓰레기통을 비우는 시간과 닦아주어야 하는 시간이 절약되었다.

🏠 옷보다 맵시 나는 몸만들기

이렇게 내가 선호한다는 나의 라이프 스타일을 처음부터 알고 있었을까? 전혀 아니다. 필자는 의류업을 했기에 늘 쇼핑몰 모델다운 옷들을 쇼핑하는 상상을 했고, 옷방과 가방장, 신발장이 잘 갖추어져 있는 시스템장을 원했었다.

그러다 책 속에 나온 프랑스인들의 옷차림을 보고 생각이 바뀌었다. 그들은 나이가 많아도 모두 운동으로 몸매 관리를 하고 나이가 많든 적든 모두 청바지를 입는다고 한다. 그래서 지금은 청바지와 티만 입어도 예쁘고 건강한 몸매로 가꾸자는 생각으로 바뀌어 있다. 운동도 나의 라이프 스타일에 맞춰 느리게 가더라도 천천히 내 몸을 가꾸어 나가보겠다.

🏠 최적의 장소 발견하기

물건을 비우다 보니 그동안 보이지 않던 공간이 생겨나 물건에게 점점 더 좋은 장소를 제공해 줄 수 있었다. 정리 After를 본 사람들은 '당연히 여기지~' 라고 생각하겠지만 정리에 미숙하다면 최적의 장소가 한 번에 보이지 않는다.

주방을 예로 들면 조리도구들이 현재는 가스레인지 아래 서랍에 들어있다. 그곳은 혹시나 유용하게 필요할까 싶어 쟁여놓은 일회용품들에 가려져 전에는 안 보이던 장소였다. 심플 라이프에 좋은 점은 '혹시나 필요할지도 몰라' 하는 마음을 먼저 비우는 일이다.

생각해 보면 여행 시 너무 꼼꼼히 챙겨갔다가 도로 들고 온 경우가 잘 쓰고 온 날보다도 더 많았고, 일회용품들은 환경도 물론이고 우리 몸에 좋지 않으니 비우기도 어렵지 않은 품목이었다. 필요하다면 집에서 사용하는 수저와 젓가락을 챙겨가면 된다.

꼭 필요치 않은데 자리를 차지하고 있는 물건들이 치워지면 새로운 공간이 생겨난다. 물건에 가장 적합한 장소를 찾아주자. 동선에 맞는 최적의 장소는 나의 시간과 에너지를 아껴주니 내일의 나를 위한 일이기도 하다.

▲ 가스레인지 아래 서랍 – 조리도구 보관장소

▲ 전셋집 소유의 빌트인 식기세척기 안 – 후라이팬 보관장소

🏠 청소도 하는 나

제목만 보고 '그럼 청소를 안 해왔단 말이야?' 하고 기겁하시는 분도 계실 테고 '어? 나도 그런데' 하시는 분도 계실 것이다. 집안 살림이라는 게 직접 해보면 정말로 하루 종일 집안일만 해야 하나 할 정도로 생각보다 양이 많고 오래 걸리는 일이다. 넓은 집이라면 청소 구역도 더 넓어져 있을 테고, 하루 종일 집안일 하기를 즐기지 않는 이상, 시간을 유용하게 쓰려면 더 생산적인 일을 보통 생각하게 된다. 예를 들면 돈을 버는 일 또는 아이 교육에 더 신경 써주는 일이 될 수 있다.

우선순위가 사람마다 다르니 무언가 하나는 내려놓아야 하는 일이 생기는데 나의 경우 청소였다. 매번 치우랴, 정리하랴, 도무지 청소할 에너지가 없다고 생각했었는데 그런 내가 이젠 정리가 여유로워져 그 에너지를 청소에 쓰고 있다. 집안의 작은 일부분이라도 청소하고 나면 웃음이 나면서 지금 내가 꿈꾸던 그 집에 와있는 것 같은 착각이 든다.

그렇게 벗어나고 싶던 미운 낡은 집이었는데 다 까진 아일랜드 식탁을 닦아주며 웃는다. 비워진 공간의 힘이 대단하다. 이제 앞으로 만나는 분들께는 짠테크가 아닌 "프랑스 스타일의 심플 라이프를 하고 있습니다" 라고 말해야겠다. 그리고 이번엔 슬로우 청소 라이프가 시작되었다고...

5
정부지원금 도전기

🏠 작은 성공 경험이 도전 인생으로

 비우기를 매일 밥 먹듯 해내던 어느 날, 우연히 소소작가님의 무료 강의를 들으면서 정부지원금에 도전하게 되었다. 비우기를 통해 매일 작은 성공을 이루다 보니 이런 자신감도 생긴 듯하다. 내가 들었던 강의는 정부지원금으로 독서 모임을 만들 수 있다는 강의였지만, 현재 거주하고 있는 고양시 지역을 검색하니 고양시 지자체의 주민 제안 사업으로 다른 주제의 모임 결성이 가능했다(예시에 플리마켓*이 적혀 있었다). 지역마다 지원금이 다른데 독서모임의 경우 보통 50~80만 원이었고, 고양시의 경우 지원금이 300만 원으로 꽤나 큰 도전이었다.

 고양시 지역 카페를 통해 나눔장터 경험이 다수 있었고, 현재 비움을 하고 있으니 동네 이웃분들 비우기도 도와드리면서 나눔장터 신청을 도와드리면 좋겠다는 생각에 '당근 할 고양'을 결성했다. 당근이라고 하면 중고거래 사이트의 이미지가 있어 플리마켓 취지가 느껴질거라 생각했고, 지역명을 붙여서 이름을 지었다.

---

*플리마켓(Flea market) : 안 쓰는 물건을 공원 등에 가지고 나와 매매나 교환 등을 하는 시민 운동의 하나

🏠 진행 절차와 과정 이야기

가장 먼저 한 일은 사전컨설팅 신청이었다. 장소는 신청자가 정할 수 있어 나는 마두청소년수련관에서 만나 뵈었다. 무료로 진행이 되기에 감사 인사로 음료수를 전하면서 컨설팅이 시작되었다. 다른 지역의 경우 육아가 힘들어서 모인 엄마들이 이 모임을 통해 이루어낸 성과에 대한 이야기를 해주셨고, 어떤 스토리로 진행이 되면 좋겠다는 아주 친절한 컨설팅을 들을 수 있었으며, 가장 어려웠던 예산을 짜는 부분까지 많이 도와주셨다.

사실 컨설팅을 받았을 때 어려운 일이라는 것을 직감하고는 죄송하다 이야기 하고 도망치고 싶은 마음이 목구멍까지 올라왔었다. 겉으로 드러내지 않았는데도 불구하고 컨설팅 담당자는 내 마음을 읽기라도 하신 듯 적극적으로 실행할 수 있게 끝까지 붙잡아 주셨다.

메일로 서로 신청서를 주거니 받거니 하며 수정 과정을 거쳤고, 컨설팅을 받자마자 나를 제외한 6명의 인원에 대해 지역 카페에 모집공고 글을 올려 모집하였다. 모집 공고가 나간 후 새벽에 신청해 주신 분들 덕분에 하루 만에 모집이 끝났다.

🏠 떨어졌지만 소중한 경험

1차 서류에 합격하면 2차 면접 기회가 주어진다. 그러나 면접은 완전히 생각지 못한 방향으로 흘러갔다. "다른 분들도 초대하실 건가요?" 라는 질문과 함께, 우리 7명끼리 하는 모임이 아니라 플리마켓에 지역 주민들을 위한 행사 자리를 별도로 만들어내야 한다는 뉘앙스였고, 컨설팅에서는 전혀 듣지 못한 이야기였다. 어쩐지 지원금이 300만 원으로 큰 금액이었으니 이해가 가기는 하지만 컨설팅 때와 면접의 방향이 이렇게나 다를 수가 있을까? 내가 컨설팅을 한다면 지역 내 당첨자 분들의 주민 제안 사업 표본을 일부라도 샘플로 보여주며 시작할 거 같다. 그래도 컨설팅 덕분에 1차 서류는 통과해 보았고, 발표가 나기까지 2달 가까운 시간이 걸리다 보니 3명이 빠져나가 인원이 반으로 줄어들었지만, 곧 인원을 늘릴 예정이다.

🏠 다음에 도전한다면 이런 루트로

'정부지원금 도전에 빠르게 성공하는 방법이 있을까?' 하는 궁금증에 크몽에서 관련 전자책도 사보았고, 다른 지역 경험자 분께 문의도 드렸었다. 간단한 독서 모임이었다면 그게 통했을 것이다. 하지만 금액이 큰 모임 결성은 꼭 같은 지역 내의 경험자에게 질문을 하고, 해결될 때까지 상의를 하는 방법이 가장 좋겠다. 지역마다 차이가 크기에 같은 지역에서 성공 경험이 있는 분의 정보가 유리하다고 할 수 있다.

지역 내에서 알려주는 강의가 있다면 가장 좋고, 강의를 하지 않는 분이라면 질문에 답을 주신 것만으로도 기프티콘으로 인사를 드리고 질문을 정리 해두었다가 묻되, 그 분께 꼭 감사의 인사로 시간의 비용을 드리도록 하자. 숨겨뒀던 귀한 팁도 주실 것이다.

더 잘 살고 싶어졌다

 가계부 쓰기

　오늘의 내 모습은 어제까지 살던 나의 모습이 바탕으로 된 것이다. 현재의 모습이 만족스럽다면 괜찮지만 나는 그렇지 못했다. 사십이 넘은 나이에 내 집도 없고 통장에 찍힌 숫자들은 늘어나기는커녕 생활비라고 들어오면 바로 사라지기 일쑤였다. 어떻게 바꿀 수 있을까 했던 것 중 가장 먼저 한 일이 가계부를 쓰는 일이었다. 처음부터 써야지 한 건 아니었다. 쓰는 게 좋다는 건 알아도 가계부를 쓰겠다고 마음먹는 일조차 쉽지 않기 때문이다.

　도서관에서 읽기 쉬운 재테크 책을 한 권 골랐다. 요코야마 미쓰아키의 〈90일 완성 돈 버는 습관〉이란 책이었는데 쉽게 잘 읽혔다. 책을 다 읽은 후 가계부 쓰기가 처방전처럼 내게 쥐어졌고, 집에 빈 스프링 노트 하나를 펼쳐 줄 긋고 적은 것이 시작이었다. 식비가 백만 원이 넘어가는 집이었지만 가계부를 쓰면서 5개월에 걸쳐 60만 원까지 줄여졌다.

🏠 독서하다 식비 더 줄인 이야기

지출을 줄이다 보니 자연스레 돈 버는 책에도 눈이 갔다. 가계부도 6개월째 잘 써오던 그 당시 〈50대에 도전해서 부자 되는 법〉이란 책을 읽다가 놀라서 중간에 멈춘 적이 있다.

"일주일 7만 원 살기? 이게 가능해?" 식비를 현저하게 줄였다고 생각했는데 지금보다 더 줄일 수 있다는 기대감과, 믿기 힘든 신기함이 묘하게 섞인 기분이었다. 책을 잠시 내려놓고 곧바로 저자의 네이버 카페에 가입하고 들어가 보았다. 그리고 운명처럼 부자 매뉴얼이라는 팀에 들어가 매달 들어가는 생활비에서 60만 원이 남는 마법을 만나게 된다.

현재는 물가가 작년보다 올랐고 성장기 아이가 있어 식비 지출이 더 들어가지만, 그래도 미래를 위한 소박한 저금이라도 할 수 있다는 것이 내겐 너무나 감사한 일이다.

비우기 경험을 하면서 규칙적인 생활과 건강한 식습관 만들기 과정을 거쳤다면 이렇게 식비 줄이기에 도전해 보시길 추천 드린다. 식비 줄이기를 하고 나면 수익화를 낼 수 있는 꿈꾸는 인생으로 갈 준비가 완료된 것이다.

🏠 당근마켓 운영하기

비우기를 하다 보면 새것같이 멀쩡한데 지금은 필요치 않은 물건들이 있다. 그런 좋은 물건 위주로 판매하고 있다. 코스트코에서 대량 물건을 사오면 소분해서 팔기도 하고, 유통기한 내 소진하지 못할 상품들도 일찍이 사 온 날 판단하여 내놓는다. 가게 운영할 때 갖고 있던 상품들도 판매하고, 가끔은 동대문에서 사입해 온 물건을 판매하기도 한다. 아이 물건이 가장 많아서 아직도 아이의 책과 장난감은 판매 목록에 늘 들어가고 있다.

화분을 잘 키우는 재능을 가지신 분은 분갈이 후 수익으로 만드는 식물 재테크를 하고 있는 분도 있었고, 알리에서 물건을 구매해 미니 사업장을 오픈해서 하는 분들도 있었다. 이제는 스마트 스토어만 운영하는 게 아닌 농가나 오프라인 가게에서도 당근 파워를 느끼고 많이 입점하고 광고를 한다. 그러니 이런 게 있구나만 하지 말고 핫한 당근 플랫폼을 잘 이용해 보았으면 좋겠다. 고객층이 정말 다양하기에 걱정하지 말고 한번 물건을 매일 올려보는 것을 추천한다.

진짜 팔리네? 이렇게도 돈이 벌리는구나? 이런 느낌을 느껴보았으면 좋겠다. 그리고 꼭 당근전용 통장을 만들어 모아보시길.

🏠 비전 보드 만들기

비전 보드란 나의 꿈, 이루고 싶은 목표, 가고 싶은 장소와 물건 등 무엇이든 좋다. 사진과 글을 적어두고 자주 볼 수 있는 곳에 붙여두면 이루어진다는 보물 지도와 같은 것이다. 모치즈키 도시타카의 〈보물지도〉 책을 참고해도 좋고, 요즘은 검색창에 검색만 해도 쉽게 샘플을 볼 수 있으며, 캔바에 있는 기존 틀을 이용하면 손쉽게 만들어낼 수 있다.

▲ Canva를 이용한 저자의 비전보드

🏠 내 인생의 로드맵을 만들기 위한 과정

비우기가 1년이 넘어가니 어느 순간 집이 정돈되어 보이고, 나의 삶도 눈에 보이는 집처럼 정돈이 되어 있는 것 같다는 생각이 든다. 내 인생이 더 잘 보이면서 마음도 여유로워졌다. 차분히 내 인생을 계획하기 좋은 상태가 된 것이다.

★ 꿈꾸는 인생으로 가는 7단계

① 마인드맵 해보기

② 만다라트 해보기

③ 연간계획표 작성하기

④ 주간계획표 작성하기

⑤ 아침, 점심, 저녁 할 일 3가지씩 챌린지 표 작성하기

⑥ 시스템 만들기

⑦ 나의 방향 찾기

🏠 마인드맵과 만다라트

　만다라트(Mandal-art)란 일본의 경영 연구소가 개발한 습관 관리표로, 불교의 만다라 모양을 닮았다고 해서 붙여진 이름이다. 부자가 되고 싶으면 부자의 언어를 알아야 하듯 나의 인생 계획을 잘 세우기 위해 온갖 계획과 관련한 시스템을 하나씩 접해보았다. 정확히 말하면 어디서부터 시작해야 할지 몰랐기에 무료 강의를 들으며 따라가 보았다.

　3P 바인더에서 해주신 특강의 시작은 마인드맵이었다. 나에겐 마인드맵이 한 번에 쉽게 되는 건 아니어서 만다라트로 바로 넘어갔지만, 주제를 적고 하나씩 가지를 뻗어 나가며 마인드맵 만들어내기를 한다면 만다라트 작성이 더 쉽게 될 것 같다.

🏠 인생 연혁표와 연간 계획표

내 인생의 어느 시기에 어떤 이야기를 듣게 되는지가 참 중요하다. 모두 각자만의 때가 다르기에 마음 준비가 되어 있는 자에게 씨앗이 심어진다. 나는 옷가게를 운영하면서 동화책 수업 연구 선생님으로도 있었는데 그 시절 아이에게 인생 연혁표를 만들어준 적은 있었지만 나에게는 선뜻 용기 나지 않았던 일이다. 1년을 비운 후 나를 위해 듣게 된 무료 강의에서 〈초정리력〉의 저자이신 이재덕 강사님이 이야기하셨다.

"자기 자신을 위해서 인생 연혁표 한번 작성해 보세요."
"꼭 좀 한번 해보시기 바랍니다."

구수한 사투리가 귀에 꽂혀 진짜 한번 해봐야겠다는 마음이 절로 들었다. 출생부터 적다 보니 어느새 나이 40대 중반이 된 나에겐 세월이 무색하다. 앞으로의 인생은 연혁표에 적을만한 멋진 인생으로 만들면 좋겠다는 생각이 들었다. '아~ 이런 생각을 하게 해주는 것이 너의 역할이었구나.' 인생 연혁표의 가치가 상당해서 꿈꾸는 인생으로 갈 수 있는 지름길 같았다. 그걸 깨닫고 나니 그렇게 미루던 연간 계획표의 절반을 완성해 냈다. 내 인생은 이제부터가 시작이다.

🏠 주간 계획표

이건 블로그를 쓸 때 일주일 단위로 미리 콘텐츠를 짜두기 위해도 쓰고, 중요한 업무를 잊지 않기 위해도 쓰고, 독서라는 목표가 있다면 총 페이지수 나누기 일주일을 해 하루에 몇 페이지를 읽어야 하는지가 나오니 그렇게 주간 목표를 세우기에 필요한 일이었다. 월간 계획표를 별도로 적지 않았지만, 연간 계획에서 한 달에 해낼 목표 설정을 해두었기에 주간 계획과 마찬가지로 목표를 한 달로 나누어 매일 조금씩 해내는 건 똑같다. 성과를 만들어내는 인생을 살아야 하기에 월간과 주간 계획표는 상당히 중요한 역할을 한다.

🏠 아침, 점심, 저녁 할 일 3가지씩 쪼개서 작성하기

다이어리를 한 달간 열심히 쓴 날도 있었는데 완벽히 지키지 못할 때가 생각보다 많았다. 시간을 못 맞췄을 땐 실패한 기분마저 들었다. 그러다 우연히 온라인에서 아웃풋 챌린지를 배우게 되었는데 먼저 아침 점심 저녁으로 나눈다. 할 일을 3개씩 각각 작성하고 밤 11시 59분 안으로 구글시트에 얼만큼 지켰는지 점수를 적어내면 되었다. 처음엔 일의 비중이 컸다가 점점 휴식도 넣어보았다. 쉬운 일을 많이 섞어 보았지만 9가지를 다 지키는 일은 굉장히 어려운 일이었다.

팀으로 하는 것이 가장 효력이 좋겠지만 다이어리가 잘 안될 땐 우선순위 3가지씩을 점심시간 전까지, 오후 6시까지, 자기 전까지로 나누어 꼭 끝내는 연습을 해보면 좋을 것 같다.

예를 들어 10분 낮잠 자기, 산책하기, 아침 물 마시기 등 간단하지만 꼭 챙겨야 할 것들도 좋고, 기간과 목표를 정해 기간만큼 업무를 나누고 그날에 꼭 1가지라도 집어넣어 준다면 성과도 이루어내는 쾌거를 얻을 수 있을 것이다.

🏠 시스템 만들기

〈성과를 지배하는 바인더의 힘〉이란 책을 읽으면서 3P 바인더 프로 과정이 궁금해졌다. 오프라인 수업이면서 8시간 풀타임으로 듣고 수료를 하는 과정인데 여기서도 많은 걸 깨우치는 시간이었다.

먼저 바인더에 나의 일과를 적고 컬러를 칠하게 한다. 컬러에 따라 메인 일인지, 휴식인지 4가지로 구분이 되는데 나의 경우 모든 게 일, 일, 일의 연속이었다. 내가 그동안 왜 그렇게 힘들었는지 알게 되는 시간이었다. 집에서 아주 소소한 일부터 큰일까지 거의 다 나만 하고 있더라.

집안에 시스템이 필요하다는 생각이 들었다. 각자 먹은 그릇은 각자가 설거지하기를 정했는데 건너뛰는 날들도 생겼지만, 정해둔 게 의미가 있는지 예전에 비하면 가끔이라도 도와주니 숨통이 트였다. 아이는 학교 수저통과 보온병 세척을 스스로 해가도록 했다. 앞으로의 시스템은 가족 구성원 누구나 할 수 있도록 모든 집안

일을 메뉴얼화 해두는 것이 목표다. 집안일은 함께 해나가는 일이 되어야 하니 레시피북, 세탁기 사용법, 빨래 벗어놓는 법 등 꿈꾸는 인생으로 가기 위해 가정에도 시스템을 도입하려 한다. 나는 주부란 말보다 가정을 관리하는 경영자로 불리길 원한다.

🏠 내 인생이 참 예쁘다

내가 여기까지 오게 된 건 모두 비우기에서부터 출발한 것이다. 정리 전에는 참으로 막연하고 답답한 마음이었다. 엑셀로 만들어진 재무제표 한 장을 보며 '내 인생도 저렇게 하나의 표로 정리될 수 있다면 얼마나 좋을까?' 하고 바란 적이 있다. 그런데 모든 건 꾸준함의 시간이 해결해 주나 보다. 한 달에 21일씩 비우다 보니 벌써 1년 6개월이란 시간이 흘렀다. 그렇게 이사 가고 싶다고 투덜대던 집이 내가 꿈꾸는 집과 닮아있다.

오늘은 처음으로 청약에도 도전해 본 날이다. 청약통장에 돈이 부족했고 방법도 몰라 한 번도 해 본 적이 없었는데 부동산 공부를 했고, 통장에 돈도 채웠고, 차분해진 나의 상태는 무엇이든 이루어 낼 것만 같다. 청약에 당첨이 되면 짜놓은 나의 인생 로드맵으로 꿈꾸는 인생을 시작해 보려 한다. 내 인생이 참 예쁘다는 생각이 든다. 비우기라는 작은 행동 하나가 씨앗이 되어 예쁜 꽃을 피웠다.

5장

정리하고 비우니
행복이 찾아왔다

·임영신·

결혼하고 얼마 후, 사정상 시어른을 모시고 살게 되었다. 1년에 딱 두 번 방문하는 친척들을 위한 물건까지 갖춰놓고 살아야 하는 어머니와 가볍게 살고 싶었던 며느리와의 동거 20년. 그사이 늘어나는 짐은 나의 몸과 마음을 짓눌렀다. 이제 내 삶의 주인이 되기로 했다. 가벼운 삶을 살고 싶어 미니멀라이프에 관심을 가지면서 느꼈던 소소한 행복을 나누고 싶어 글을 쓰기로 결심했다. 퇴근 후 마음 편히 쉴 수 있는 정돈된 공간을 볼 때 가장 행복한 나는 미니멀 사피엔스다.

○블로그: https://blog.naver.com/osinlim
○T스토리: https://minimal-sapiens.tistory.com
○인스타그램: https://www.instagram.com/lim.youngsin

미니멀 사피엔스가 되기로 했다

　2019년, 나는 퇴근하고 집에 들어가는 것이 정말 싫었다. 집에는 약간의 치매 증상이 있는 시어머니와 언니 따라 특목고 진학을 준비하는 바쁜 중 3 딸이 기다리고 있다. 첫째 딸은 기숙사에 있어서 주말에만 집에 오는데, 아주 예민한 고 3 수험생이다. 남편은 지방으로 발령이 나서 주말마다 KTX를 타고 올라온다. 남들은 주말 부부인 나보고 전생에 나라를 구했냐고 우스갯소리를 했다. 남의 속도 모르고… 나를 기다리는 것은 아프신 시어머니와 어머니와 같이 살면서 늘어난 살림뿐이다. 언제까지 저 많은 짐들과 같이 살아야 할까 답답했으며, 늘 체한 것 같이 속이 불편했다. 그랬던 나의 인생에 큰 변화가 생겼다.

　20년을 모시고 살았던 시어머니가 어느 날 갑자기 하늘나라로 소풍을 떠나셨다. 식구들과 마지막 인사도 못 하고 갑자기 가셨다. 이웃집에서 탄 냄새가 너무 심하다는 신고를 했는데 설 연휴 마지막 날, 늘 어머니가 걱정인 남편은 근무지인 부산으로 내려가는 중이었다. 명절 스트레스로 힘이 든 나는 친구를 만나 수다를 떨다 최대한 늦게 집에 들어가고 있었다. 딸은 학원에 가고, 집에는 어머니 혼자 있었다.

요즘 어머니의 치매 증상이 가볍지 않아 걱정하던 중이었지만, 어머니는 치매가 왔다는 것을 인정하지 않으셨다. 더리에 좋은 영양제라고 했는데도 어떻게 아셨는지 치매약이라고 드시기를 거부했다. 그랬던 분이 아무도 없는 집에서 홀로 쓰러지셨다. 본인이 까맣게 태운 냄비를 닦으시다 차가운 주방에서 그렇게 쓰러지신 것이다.

어머니를 보내드리고 얼마 지나지 않아 주방 가위가 필요했는데 평소에 두던 자리에 보이지 않았다. 분명히 주방 가위가 싱크대 서랍에 있어야 하는데 아무리 찾아도 없다. 이상한 생각이 들었다. 그 당시 어머니가 돌아가신 장소가 집이었기 때문에 먼저 출동한 119 구급대는 돌아가고, 경찰과 TV에서만 보던 과학 수사대가 출동했었다. 외부 침입 흔적이 없고, 특이 사항이 없었기 때문에 어머니가 집에서 쓰러지셔서 돌아가신 것으로 처리되었다. 그런데 평소 자주 보았던 미국 드라마 CSI 때문인지 사라진 가위가 혹시 어머니의 죽음과 관련이 있지 않을까? 하는 무서운 상상이 들었다. 가위는 어디에 있는 걸까? 사라진 가위를 찾는 일은 나에게 아인슈타인의 상대성 이론을 설명하라는 것처럼 어려운 일이었다. 우리집에 블랙홀이 있나?

　주방 가위가 사라져 찜찜한 나날을 보내던 차에 남편과 함께 어머니 방을 정리하기로 했다. 어머님이 가지고 있던 물건은 겉으로 보기에는 그리 많아 보이지 않아서 속으로 다행이라 생각했다. 그러나 막상 정리하다 보니 어디서부터 손을 대야 할지 막막했다. 우선 옷장에 들어있는 옷부터 정리했다. 추울 때 입으라고 아들이 사준 겨울 외투가 몇 번 입어보지 못한 채 새 옷처럼 걸려 있다. 아끼다 똥 된다는 말처럼 못 입은 옷들이 수두룩했다. 어머니의 옷장은 화수분인 것처럼 꺼내고 꺼내도 끝이 보이지 않았다.

　치매 증상 초기일 때 잃어버린 어머니의 통장도 이불 사이사이에서 찾아냈다. 어머니는 내가 그 통장을 가져갔다고 오해하기도 했는데, 그 오해를 풀지도 못하고 끝내 저세상으로 가셨다. 그리고 문제의 주방 가위가 어머니 옷장 서랍에서 나왔다. 가위를 찾기 전에 무서운 상상을 했던 내가 바보 같았다.

　어머니가 돌아가시고 유품 정리를 하다 보니 인생이 덧없어 보였다. 좋은 곳에 갈 때 입겠다고 고이 모셔두었던 어머니의 고운 옷들은 50L 종량제 봉투에 버려질 쓰레기가 되었다. 물건을 치우다 보니 순간을 잘 살아야지 물건은 그리 중요하지 않다는 것을 깨달았다. 나중에 내가 떠날 때, 내 딸에게는 간결하지만 충분히 삶을 즐기고 간 선물 같은 추억만 남겨야겠다. 내가 남긴 것은 쓰레기가 아니라 값진 유산이어야 한다. 오늘 당장 이 세상을 떠난다고 해도 후회 없는 미니멀 사피엔스*로 살아야 하는 이유가 더 명확해졌다.

 짐을 줄여야 한다. 내가 가지고 있는 물건이 얼마나 되는지, 어디에 있는지 알아야 한다. 그러기 위해서 물건의 수는 내가 관리할 수 있을 만큼으로 한정한다. 미니멀 사피엔스로 슬기롭게 살아가는 데에는 그리 많은 물건이 필요하지 않다. 내 삶을 단순하게 비워내면서 행복하게 사는 사람이 되기로 결심한다. 나는 미니멀 사피엔스가 되기로 했다.

---

*미니멀 사피엔스 : 나는 슬기로운 인간을 뜻하는 호모 사피엔스에 '미니멀'을 붙여 '미니멀 사 피엔스'로 부르기로 했다.

가족과 미니멀라이프의 호흡이 맞지 않을 때

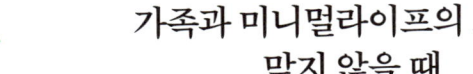

나는 집중이 필요할 때 크게 심호흡을 하면서 호흡을 가다듬는다. 그래서 종종 의식적으로 자신의 호흡을 느끼고, 집중할 때가 있다. 글을 쓰기 전에, 중요한 일을 시작하기 전에, 딸의 방을 청소할 때, 퇴근하고 집에 들어갈 때, 비우는 의식을 하기 전에 등등 의미 있게 관계 맺기를 하기 위해서 호흡을 맞춘다.

주말마다 남편과 나, 우리 아이가 호흡을 맞췄던 그 시간이 아직도 기억난다. 세상에 태어날 아이를 맞이할 준비를 하기 위해 분당 차병원에서 실시하는 '라마즈 분만법 준비' 강의를 들으면서 라마즈 호흡을 배웠다. 라마즈 호흡을 배웠다고 출산 중의 통증을 아주 없앨 수는 없다고 했지만, 분만 중에 남편 손을 잡고 이 호흡을 같이하면 나와 아기는 아빠의 호흡에 맞춰 그 고통을 나눌 수 있을 것 같았다. 그런데 우리 공주님이 끝까지 거꾸로 돌아앉아 있어 자연분만을 할 수 없었다. 우리 가족의 노력과 시간은 물거품이 되었지만, 가족의 새 구성원을 만나기 위해 맞춘 첫 호흡이 지금까지 우리 가족을 이어주는 힘이라고 생각한다.

나는 미니멀라이프를 추구하는 엄마 사람이다. 그러나 호흡이 잘 맞을 것 같은 우리집 아이들의 방은 정말 더럽다 영국에서 '가장 지저분한 방'(Messiest bedrooms) 선발 대회가 있었다는 뉴스를 본 적이 있다. 만약 우리나라에서 이런 대회가 열린다면 우리 딸 방도 당당히 순위에 들어갈 것 같다. 그런데도 또 엄마가 자기 방을 정리하는 것을 아주 싫어한다. 그럼, 지들이 좀 치우던가! 치우지도 않고 치우지도 못하게 하니 아주 환장할 느릇이다.

사실 몰래 방을 치운 적이 있다. 내가 답답해서 죽을 것 같았기 때문이다. 나는 깨끗하게 정리된 방을 보고 기뻐할 줄 알았다. 그런데 엄마가 자신들의 동의 없이 방을 치웠다고 고래고래 소리를 지르고 생난리를 쳤다. 이게 그렇게 잘못한 일인가? 내가 저렇게 지저분한 방을 치워줬는데 고맙다고 해야지 왜 화를 내지? 그 이후 나는 딸들의 방에 당분간 접근 금지였다.

2023년 8월 슬미프를 할 때 블로그에 딸들의 방을 시각화하며 쓴 내 글을 읽어보니 비장함이 느껴진다.

나는 딸 방에 있습니다.

이불을 새것으로 바꾸고 침대 위를 잘 정리합니다. 호텔 침구처럼 부드럽고 촉감이 좋습니다.

책상 위에는 공부하던 책들이 펼쳐져 있었습니다. 책상 주변을 잘 정리합니다.

창문을 열어 환기를 시킵니다. 상쾌한 공기에 커튼이 펄럭입니다.

청소기로 먼지를 빨아들입니다.

마지막으로 딸아이가 좋아하는 나무 향이 나는 향수를 뿌립니다.

딸이 막 수업을 마치고 들어옵니다.

깨끗한 방을 보고 "감사합니다"라고 인사를 합니다.

"방이 깨끗해져서 일이 잘 풀린다"라고 합니다.

저는 정말 행복합니다.

엄마의 기도와 호흡이 닿았는지 이제는 딸들도 마음을 열어 정리를 도와준다. 며칠 안 가서 다시 원상 복귀되지만 주기적으로 정리를 하니 그전보다는 꽤 괜찮아졌다. 그리고 우리끼리 약속이 생겼다. 비우기 전에 꼭 물어보기, 딸들이 원하지 않으면 방 청소하지 않기, 시간 날 때 같이 하기... 우리는 탁구 여자복식의 신유빈-전지희 조가 부럽지 않은 환상의 엄마-딸 복식조가 되었다.

이상하게 생각할지도 모르겠지만, 나는 현관문을 열고 들어오면서 집과 호흡을 맞춘다. 퇴근하고 집에 들어올 때 아무도 없는 현관에서 큰소리로 "다녀왔습니다."를 외친다. 그러면 집이 '정말 수고했어요!'라며 나를 안아주는 느낌을 받는다. 집과 인사를 하고 신발을 가지런히 놓아둔 다음, 밖에서 자기 일에 최선을 다하고 있을 딸들의 방문을 열어본다. '우리 딸은 지금 뭐 하고 있을까요? 이

따가 들어오면 따뜻하게 맞이해 주세요.' 마음속으로 방과 인사를 나누고는 옷을 갈아입는다. 나는 집에 있다고 해서 아무렇게나 입지 않는다. 나를 편안하게 감싸주는 나다운 옷을 입는데, 이런 옷차림은 집에 대한 예의라고 생각한다. 그런 다음, 탁에서의 일은 모두 잊고 집을 한 바퀴 돌아본다.

나는 정리를 시작할 때에도 의식 행사처럼 호흡을 가다듬고 시작한다. 마치 올림픽 경기에 임하는 선수처럼 가족을 위해, 나를 위해 정리한다고 다짐하며 집과 호흡을 맞춘다. 이러고 정리를 시작하면 그 효과가 빨리 나타난다. 딴 데 정신 팔리지 않고 집중해서 그런지 정리 속도도 빠르고 성취감도 크게 생긴다. 정리를 하며 사람과 물건 그리고 공간의 균형이 잘 맞춰질 때 나는 최고로 편안하다. 그래서 요즘에는 퇴근 후 배회하지 않고 곧장 집으로 들어가나 보다.

미니멀라이프를 통해 내 속에서 나의 호흡을 찾는다.
나의 공간과 호흡을 맞춘다. 그리고 정리한다.
그때가 가장 편안하고 행복하다.

3. 살면서 관계 정리가 필요해요

나는 그가 참 좋았다. 남들이 말하는 조건이 보이지 않을 정도로. 그는 한국의 가부장제 테두리 안에 있는 큰집, 큰아들이다. 그 말인즉슨 그와 관련된 가족 관계가 나뭇가지처럼 뻗어있다는 이야기다. 그때는 몰랐다. 이 나무가 이리 큰 뿌리를 가졌는지.

그는 내 편인 듯 내 편 아닌 남편이 되었다. 결혼하고 얼마 지나지 않아 사정상 시어른을 모시고 살게 되었으며, 시어머니는 1년에 딱 두 번 방문하는 손님들을 위해 이불이며 여분의 칫솔까지 갖추어야 했다. 우리집에는 떡국을 끓이기 위한 업소용 국통이 있었다. 만두와 송편을 쪄내기 위한 각종 플라스틱 채반이 창고 맨 윗자리를 차지했고, 김치를 담글 때 필요한 대형 빨간 고무대야는 나를 앞이 안 보이는 캄캄한 동굴로 밀어 넣었다. '동굴에서 나오면 어마어마한 일이 널 기다리고 있어.' 이런 메아리가 들리는 것 같아 더 깊이 숨었다. 숨소리를 내지 않았다.

가볍게 살고 싶었던 나는 시어머니의 늘어나는 짐과 그 속에 얽혀 있는 관계에서 몸과 마음이 짓눌렸으며, 한숨도 늘어갔다. 새로운 해의 시작이라고 다들 설레는 설날 인사를 주고받을 때에도 나는 설레지 않았다. 풍성한 한가위가 되라고 덕담을 주고받을 때 '풍성한'이라는 말이 많이 거슬렸다.

 2019년에 어머니가 돌아가시고 4년이 지난 2023년 추석에 내 편이 된 나의 동반자가 폭탄선언을 했다. K-장남인 그가 관계 정리를 선포한 것이다.
 "다음 명절부터는 오시지 않으셔도 됩니다. 이제 저희가 알아서 잘 지내겠습니다."
 나 역시 뜻밖의 소리에, 드라마에 나올 법한 장면처럼 설거지하던 그릇을 놓칠 뻔했다. 작은 아버지와 5촌 아저씨들의 얼굴을 힐끔 쳐다보았더니 세상을 다 잃은 듯한 표정이셨다. 한참을 말 못하시다가 이 문제는 다음 설날에 이야기하자고 하셨다. 너무나 힘 빠지는 반응이었다.

 어른들은 아직 준비가 덜 되었나 보다. 남편의 기습공격으로 방어할 힘조차 잃었으며, 합리적인 방법을 찾지 않고 일단 숨으셨다. 명절에 각자 가정에서 보내자는 말이 그렇게 충격적인 말인가? 정작 그들의 아내들은 출가한 딸들을 맞이할 준비를 하면서 집에서 보내고 있지 않은가? 물론 남편의 작은 할아버지가 살아계실 때는 그러한 관계가 그렇게 불편하지는 않았다. 그때는 어머니도 계셨고, 나는 옆에서 거들 뿐이었다. 하지만 시아버지가 먼저 돌아가시고, 작은 할아버지와 시어머니도 돌아가시고 나서는 관계 정리가 필요했다. 그러나 누구도 선뜻 정리할 결심을 하지 못했다. 그들이 멈칫하는 사이에 나의 명절은 내가 한 번도 본 적 없는 남편 조상들의 차례를 준비하며 마음에 짐이 점점 쌓여만 갔었다.

그렇게 기다리던 순간이었지만 남편은 나와 상의 없이 일을 저질렀다. 며느리인 내가 먼저 "그만 하자!"고 결단을 내릴 수 없다는 것을 남편은 너무나 잘 알고 있었다. 내가 명절마다 내쉰 한숨 때문이었을까 남편이 결단을 내린 것이다. 언젠가는 정리가 되어야 할 관계였다. 비움과 정리를 잘하기 위해서는 내 삶에서 관계 짓기를 잘해야 한다. 인간관계도 마찬가지다. 그 속에서 관계를 계속 유지할지 말아야 할지 결정해야 한다. 관계 속에서 균형을 잘 유지하면 평온하지만, 반대로 불편한 관계가 지속되면 마음은 지옥이다.

모두에게 착한 사람으로 인정받을 필요는 없다. 나의 마음이 갈 수 있는 정도까지 소통하고 그 밖의 관계에서 스트레스를 받지 않았으면 좋겠다. 내가 생각한 것처럼 그들도 나를 유의미하게 생각하지 않을 수도 있다. 각자의 상황이 있으니, 환경에 맞게 슬기롭게 관계 정리를 해나가면 된다. 우리가 비움과 정리를 하는 이유는 미니멀리스트로 완벽한 사람이 되고자 하는 것이 아니다. 비우고 정리하면서 나와 내 주변이 행복해지려는 노력을 끊임없이 하는 사람이 되려는 것이다. 그 노력 중에 하나가 복잡한 관계를 잘 정리하는 것도 포함된다. 그러면 어느새 우리 옆에 평범한 일상이 행복으로 가득할 것이다.

균형 잡힌 생활을 하기 위해 질서가 필요하듯 삶에서 인간관계 정리를 잘하면 좀 더 행복해질 수 있다. 인간관계에서 인정받기 위해 너무 많은 에너지를 쓰지 말았으면 한다. 내가 원하는 삶을 만들어 가기 위해서 불필요한 관계는 줄이고 가다듬는 것도 미니멀 라이프가 가고자 하는 길이다.

"지금 행복하나요?"

누군가가 나에게 물으면 나는 1초의 망설임도 없이 "그렇다!" 라고 대답한다. 내 주변(사람)과 공간을 정리하고 비우는 것이 습관이 되니 일상이 고요해졌다. 복잡한 생각을 떨쳐내고 지금에 집중함으로써 이 순간을 단순하게 살 수 있다. 현재를 정리하고 아낌없이 사랑을 주는 것은 내일을 잘 시작할 힘이 된다.

삶에서 의미란 내가 매일 하는 것이 말해준다.
의미란 나와 관계를 짓는 과정에서 발견된다.
관계를 정리하고 비우며 단순하게 살면 행복이 찾아온다.

갈 길이 먼 미니멀 여행자

나의 여행은 늘 가족 혹은 친구와 함께였다. 그런 내가 용기를 내서 혼자 떠나기로 했다. 만나는 사람마다 "혼자 괜찮겠어?", "무슨 재미로 혼자 여행을 가니?" 한 마디씩 한다. 대부분 걱정을 하지만 간혹 "대단하다.", "부럽다, 잘 다녀와!" 등으로 응원을 해 주는 이도 있다. 나 역시 걱정 반 기대 반이다. 복잡한 생각은 이제 그만. 그냥 떠나는 거야.

시작이 반이라고 항공권 예약을 하면서 나의 마음은 벌써 여행지로 날아가 있다. 숙소는 예산 범위 안에서 편안하게 쉴 수 있는 곳을 찾아 예약하고, 여행에 필요한 용돈을 모으기 위해 통장을 개설한다. 이왕이면 의지가 불타오르게 '백모여 통장'(백만 원 모아 여행 가자!)이라고 이름을 만들어 준다. 집안을 정리하면서 나에게는 불필요하지만, 다른 사람은 쓸 수 있는 것들을 당근마켓에 올려 판매하고 돈을 모았다. 정리를 통해 물건은 비워지고 통장의 잔고는 채워졌다. 그리고 결심한다. '이번 여행은 짐을 늘리지 않는 여행을 하겠다고…' 이번 여행의 목표를 '짐을 늘리지 않는 것'으로 잡고, 그 목표에 집중할 생각이다.

ISFJ 형 인간인 나는 완벽하게 계획한 여행을 좋아한다. 어느 식당에서 무엇을 먹을지도 미리 계획하던 나였다. 그런데 이번에는 스스로 질문하면서 답을 찾는 느린 여행을 하려 했다. 혼자 여행하니 큰 계획 없이 그냥 여행을 맘껏 즐겨보았다. 자칫 완벽할 뻔한 여행이었는데 아뿔싸! 가장 중요한 목표를 놓치고 있었다. 여행에서 짐을 늘리지 않기로 다짐했었다. 그랬던 내가 '으페라의 유령' 첫 장면에 나오는 원숭이 인형과 너무 닮아 눈을 뗄 수 없는 테라코타 원숭이 보석 보관함과 태국 전통 스타일의 그릇을 장바구니에 담고 있다. 여행 전에는 많이 단순해졌다고 생각했는데 치앙마이에서는 물욕을 억제하기 힘들었다. 아직도 골목길 골동품 가게에서 본 물고기 모양의 손잡이가 눈에 아른거린다.

집으로 돌아올 때 짐을 싸보았더니 어디서 그 많은 물건이 생겨났는지 놀라웠다. 다람쥐가 겨울 식량을 매일 조금씩 모으는 것처럼 나도 그렇게 가방 속에 지인들에게 줄 도토리(태국에서 싸게 구입할 수 있는 타이레놀, 말린 망고, 치앙마이 아라비카 도이창 원두, 태국 마마 똠얌꿍 컵라면 등)를 모은 것이다. 터질 것 같은 내 가방! 이번 여행은 망했다. 우아하게 캐리어 하나만 들고 공항을 나오고 싶었지만. 여행 마지막 날에 보따리 장사꾼처럼 바리바리 짐을 싸고 있는 내 모습에서 현타가 왔다. 한심했다. 갈 길이 먼 미니멀 여행자는 생각해 본다. 내 의지가 이렇게 나약했구나!

　여행의 짐을 줄이는 데는 실패했지만 그래도 잘한 일이 하나 있다. 혼자 여행하니 다른 사람의 눈치를 볼 필요가 없었다. 지난번에 친구들과 치앙마이에 왔을 때 나는 태국 요리를 배우고 싶었다. 그러나 친구들은 맛있는 태국 음식을 먹는 것은 좋아했지만, 굳이 여행 와서 요리를 배우고 싶지는 않다고 했다. 이번에야말로 태국 음식을 사랑하는 사람으로서 태국 요리를 배울 수 있는 절호의 기회였다. 숙소 근처를 지나다니면서 쿠킹 클래스를 하는 곳이 보여 등록했다. 점심때쯤 신청한 사람들이 모이면 같이 현지 시장으로 가서 식재료를 탐색하고 요리를 배우는 프로그램이다. 쏨펫 시장(Somphet Market)에 도착하니 수입 과일 코너에서만 보던 각종 열대 과일이 제일 먼저 반겨주었다. 태국인 요리 선생님은 영어로 음식 만들기에 필요한 재료를 직접 보여 주면서 설명한다. 듣기 평가하는 마음으로 귀를 쫑긋 세우고 맨 앞자리에서 듣는다. 시장에서 돌아오니 테이블마다 재료 준비가 되어있다. 나는 내가 좋아하는 쏨땀(파파야 샐러드)과 팟타이(볶음 쌀국수) 만드는 과정을 선택했다. 집에 돌아가서 원 없이 해 먹고 싶었기 때문이다. 한국에서 사 먹으면 너무 비싸니까.

여행에서 돌아와서는 친구와 태국에서 사 온 과자를 먹으며 나 홀로 여행의 무용담을 풀어놓았다. 선물로 사 온 간식은 한번 먹고 나면 사라지지만, 내가 배운 경험은 사라지지 않는다 물건보다 경험에 투자하는 여행이 더 많은 추억을 남긴다는 걸 깨달았다. 그런 의미에서 다음에는 직접 쏨땀과 팟타이를 만들어 주겠다고 약속한다. 여행지에서 가져온 나만의 특별한 여행 보따리를 푸는 이 시간이야말로 가장 큰 선물이다. 제발 친구도 그렇게 생각했으면.

여행은 항상 나를 설레게 만들어 준다. 그런데 어느 날 갑자기 천국행 편도 티켓을 받는다면, 난 어떨까? 그곳으로는 아무것도 가지고 갈 수 없으며 부칠 짐도 없다. 아마도 평소 주변 정리를 잘했다면 가벼운 마음으로 떠날 수 있을 것 같은 생각이 든다. 내가 진정 바라는 여행은 이런 것이다. 가볍게 떠나는 여행. 나를 배웅하는 지인들은 나와 함께했던 소중한 추억을 기억하면서 다음처럼 이야기하기를 기대해본다.
"그때 치앙마이에서 태국 요리를 배웠다고 했지."
"맞아, 우리에게 쏨땀과 팟타이를 맛있게 만들어 줬는데…"

인생이라는 여정을 잘 마무리하기 위해서는 미리미리 내 주변을 정리 정돈해야 한다고 생각한다. "아름다운 사람은 머문 자리도 아름답다" 라는 멋진 말처럼. 내가 머문 이곳에서 나를 아름답게 기억해 줄 수 있게 이제는 몸과 마음, 그리고 물건을 비워야 한다. 다음 여행은 지금보다 더 가벼운 여행이 되기를 꿈꾼다.

✦ 보나로사의 미니멀한 여행 짐 꾸리기 리스트

- **옷**
  - 미리 입을 옷을 세팅해서 준비한다. 패션쇼 하러 가는 것이 아니니 너무 많은 옷을 가져가면 짐만 된다. 뭔가 부족할 것 같더라도 걱정하지 말기! 필요하면 여행지에서 구매해도 된다.

- **속옷과 양말**
  - 매일 밤 빨래를 하는 내 노력이 가능하다면 최소한으로 줄여도 된다.

- **신발**
  - 많이 걸어야 한다면 편한 것이 최고다.

- **비옷 또는 우산**
  - 여행지의 날씨를 확인하고 준비한다. 호텔에 우산이 비치되어 있기도 하니 확인하고 챙긴다.

- **세면도구**
  - 세계적으로 일회용품을 줄이고 있다. 우리도 동참!

- **화장품**
  - 선크림을 꼭 챙긴다. 나머지는 쓰던 것을 덜어서 준비하거나 샘플을 챙긴다.

- **비상약**
  - 소화제, 지사제, 해열제 등. 자기에게 필요한 약 준비!

- **읽을 책**
  - 읽을 시간과 결심이 있다면 추천!
  - 긴가민가하면 가방에서 뺄 것!

 ## 비우면서 채우는 생존 가방

"전우의~ 시체를~ 넘고~ 넘어~ 앞으로~ 앞으로~"

국민학교 시절 친구들과 학교 운동장에서 고무줄놀이할 때 자주 불렀던 노래의 일부이다. 얼마나 중독성이 강한지 가끔 자다 깰 때마다 번뜩 생각이 나곤 한다. 찾아보니 6·25 때인 1950년에 만들어진 '전우야 잘자라' 라는 노래다. 9·28 서울 수복 후 얼마 안 된 시점에, 전쟁 중 많은 이들이 실종되거나 죽은 상태에서 서로 무사함을 확인하고 반가운 나머지 이 노래를 만들었다고 한다.

나에게 "전우의 시체를 넘고 넘어~"는 툭 치면 나오는 구구단 같은 노래다. 어린 시절, 이 노래를 부르며 고무줄놀이를 아무렇지 않게 했던 나는 현재 휴전 중인 대한민국에 살고 있다. 다른 나라 사람이 볼 때 늘 전쟁의 위험이 도사리고 있지만, 이 나라에 살고 있는 나는 그렇게 실감 나지 않는다.

2023년 5월 31일, 고요한 새벽에 난데없이 대피할 준비를 하라는 문자가 왔다. '[서울특별시] 오늘 6시 32분 서울지역에 경계경보 발령. 국민 여러분께서는 대피할 준비를 하시고, 어린이와 노약자가 우선 대피할 수 있도록 해주시기 바랍니다.(오전 6:41)' 서울특별시에서 아무런 설명도 없이 어린이와 노약자가 우선 대피할 수 있도록 준비하라고 위급 재난 문자가 온 것이다. 그 순간 눈앞이 새하얘졌었다. 남편은 벌써 출근했고, 작은딸은 방에서 자고 있다. 큰아이는 학교 주변에서 자취하고 있어 집에 없다. 어쩌지? 뭐부터 해야 하지? 당황해서 심장만 콩닥콩닥 뛰었다. 바로 TV를 켜니 뉴스에서도 속보 자막만 나오고 아직 정확한 정보를 제공하지 못하고 있다. 이때를 생각하면 지금도 심장이 떨린다.

만약 재난이 닥친다면 무엇을, 어떻게 해야 하지? 국민재난안전포털(safekorea.go.kr)에서 '비상 대비 용품'에 관련된 내용을 찾아보았다. 예전에도 생존 가방이 있다는 것을 들은 적이 있지만 흘려들었었다. 그런데 이 재난 문자를 계기로 우리집에도 '생존 가방'이라는 것이 생겼다. 비상 대비 용품으로 비상식량, 물, 응급약품, 손전등, 휴대용 라디오, 건전지, 호루라기, 여분의 휴대전화 배터리 등을 준비하면 좋다고 했다. 비상 의류, 수건, 화장지, 생리용품, 귀중품(현금/보험증서)도 목록에 나와 있었다. 여분의 자동차 키와 현금도 넣어두라고 한다. 가벼운 우비, 얇은 담요도 있으면 좋다. 닥쳐서 하지 말고 미리미리 준비해야 한다. 당황하면 아무것도 생각나지 않았던 경험이 있어서 하는 말이다.

대부분의 사람은 중요한 서류일수록 깊숙이 보관한다. 그래서 갑자기 찾을 때는 어디 있는지 기억이 나지 않을 때도 있다. 부동산 관련 서류를 다 모아보니 그동안 살았던 집들의 계약서가 아직도 남아 있었다. 이제 버려야겠다. 잠시 그곳에서 행복했었던 추억을 생각하면서 버리고, 중요한 서류는 방수가 되는 비닐에 넣어 생존 가방에 넣는다. 여권도 남은 기간을 확인하고 같이 보관한다.

나와 남편의 인감도장을 찾아서 생존 가방에 넣었다. 급할 때 만들었던 목도장이 화석처럼 여러 개 발견되었다. 인감도장과 여분의 도장 하나만 남기고 나머지는 버린다. 요즘은 도장보다 서명을 주로 사용하기 때문에 인감도장만 있어도 될 것 같지만 그래도 혹시 모르니까 하나 더 남겼다(아직 갈 길이 먼 미니멀리스트래서 그렇다).

비상식량은 아직 준비하지 못했다. 유통기한을 확인하고 초콜릿, 사탕, 건빵, 생수 등을 사서 넣어야겠다. 응급약품과 식구들이 평소 먹는 약도 챙긴다. 생존 가방을 가지고 대피하는 일이 생기지 않기를 바랄 뿐이다.

국민재난안전포털 앱도 휴대전화에 설치했다. 이 일이 있은 후 가족과 함께 재난이 닥쳤을 때 어떻게 해야 할지 이야기해 보았다. 각자 재난 발생 시 주변에 있는 대피장소를 알아두기로 하고, 만약 그때 직장이나 학교에 있으면 무리하게 집에 오지 않기로 했다. 상황이 안정되거나 종료되면 안전하게 집에서 만나자고 했다.

위급 대피 문자를 받고 출근해야 할지 고민하는 중에 다시 안전 안내 문자가 왔다. '[서울특별시] 북한 미사일 발사로 인해 위급 안내 문자가 발송되었습니다. 서울시 전지역 경계경보해제 되었음을 알려드립니다. 시민 여러분께서는 일상으로 복귀하시기 바랍니다.(오전 7:25)' 이유도 모르고 대피하라는 문자만 보고 놀란 가슴이 그날 하루 종일 진정이 되지 않았다. 44분 동안 불안과 공포에 떨었지만, 나의 안전과 가족의 안전을 생각하기에는 충분했다.

속담에 "소 잃고 외양간 고친다."라는 말이 있다. 문제가 터지고 난 후에 부질없는 행동을 한다는 뜻으로 많이 쓰인다. 소를 잃기 전에 외양간을 손보는 게 어떨까? 재난은 언제 닥칠지 모른다. 그러니 평소에 중요하지 않은 것들은 비우면서, 생존 가방에 필요한 물건을 신중하게 채워보자. 그렇다고 생존 가방에 너무 욕심을 부리면 안 된다. 그럼, 그것조차 짐이 될 수 있다. 생존 가방은 정말 생존을 위해 꼭 필요한 물건만 담는다.

이 가방만 있으면 생존! 존버*!

---

*존버 : 아직도 존버가 무슨 뜻이냐고 물으시는 분들이 많군요. 어린이가 물으면 '어떤 어려움이 닥치더라도 존경받는 그날까지 버티자'는 뜻이라고 대답해 드리면, 어른이 물으면 '어떤 어려움이 닥치더라도 존나게 버티라'는 뜻이라고 대답해 드리겠습니다. [출처 : 나무위키 '존버' 중에서]

정리하고 비우니 행복이 찾아왔다

사람들은 나에게 묻는다.
"왜 비우고 정리하죠?"
"정리 정돈을 하면 뭐가 좋나요?"
"단순한 삶, 꼭 그렇게 살아야 하나요?"

나는 대답한다.
"정리하고 비우니 행복이 찾아왔어요."

미니멀라이프로 살아가면서 변화한 내 모습이 답이라고! 미리 말하지만 나는 책에서나 볼 수 있는 최강의 미니멀리스트는 아니다. 나의 강점을 생각해 보면서 좋아하는 것과 어디를 향해서 나아가는지 알아가는 단계라고 생각한다. 앞으로 다음 단계는 또 무엇이 달라질지 모르겠다. 확실한 것은 앞으로도 여전히 미니멀라이프를 추구할 거라는 사실이다. 미니멀라이프를 통해 달라진 나를 사랑하기 때문이다.

나는 누가 언제 우리집을 방문하여도 당황하지 않는다. 아파트 소독을 위해 가가호호 방문하는 사람이 방문한다고 했을 때도 일부러 정리할 필요가 없다. 이 글을 쓰고 있는 중에도 초인종이 울렸지만 당황하지 않았다.

나는 집이 좋다. 불과 몇 년 전만 해도 집에 들어가는 것이 끔찍하게 싫었던 적도 있었지만, 지금은 집에 빨리 들어가고 싶다. 물론 집에 들어가면 해야 할 일이 기다리고 있다. 빨래도 해야 하고, 청소기도 돌려야 한다. 어디서 그 많은 먼지가 생기는지 잘 모르겠지만(난 너희를 초대하지 않았다고). 우리집에서 술래잡기 놀이하자고 숨은 먼지들을 찾아 기꺼이 술래가 된다. 집이 나랑 놀자고 자꾸 끌어당긴다. 그러면 못 이기는 척 집과 행복한 놀이를 한다.

나는 불필요한 물건들을 평소에 없앤다. 단순하게 살고 싶으면 마음을 단단히 먹고 정리할 필요가 있다. 하지만 물건을 분류하고 쓰레기를 버리기 위해 주말을 통째로 쓰지 않는다. 내가 말하는 주말의 여유는 어느 정도 비우고 정리를 해놓으면 가능하다. 주말에는 몰아서 청소하는 대신 나를 더 많이 사랑해 준다. 세상에서 가장 소중한 나에게 힐링 타임을 선물한다.

미니멀라이프에 관한 책을 읽고 블로그에 생각을 공유한다. 비우는 과정에서 어떤 성장을 했는지도 SNS에 올린다. 비움과 정리를 통해 많이 성장했음을 내가 제일 잘 안다. 온라인 이웃은 공감 버튼을 누름으로써 주인장의 생각을 지지한다고 표현한다. 그들은 소유한 물건이 아니라 변화를 위한 노력, 성장하는 과정, 타인과 사회를 위해 기여하고자 하는 의미 있는 삶에 감동한다. 우리는 미니멀라이프로 통한다.

나는 나를 포함하여 사랑하는 가족을 위해 신선한 재료로 요리한다. 그러기 위해 일주일에 한 번씩 냉장고 청소를 한다. 냉장실과 냉동고를 정리하면서 식재료를 파악하고, 위치별로 무엇이 있는지 냉장고 보물 지도를 그린다. 오늘은 냉장고 지도를 보면서 소고기 미역국을 끓였다. 좀 많으면 나눠서 냉동실에 일용할 양식으로 저장해 둔다. 급할 때 얼린 미역국은 얼마나 든든한 비상식량인지 모른다. 나는 우리집 일주일 식비를 7만 원으로 줄였다. 미니멀라이프로 생활하기 전에는 7만 원으로 생활한다는 것은 상상도 못 한 일이다. 매일 씀씀이를 가계부에 기록했다. 배달 음식을 시키지 않고, 집에서 요리하니 식비 절약이 가능했다. 요즘처럼 고물가 시대에 비우다 보니 식비가 줄어들었다.

나는 앞모습과 뒷모습이 닮았다. 화장실 들어갈 때와 나올 때가 같다는 말이다. 겉으로 보이는 모습만 번드르르하고 실제 내면의 모습은 그렇지 않은 사람도 있다. 미니멀라이프로 살겠다고 말하면서 집에는 풀지도 않은 택배 상자를 쌓아놓거나, 정리가 안 되어 누가 온다면 허둥대는 사람이 있을지도 모른다. 난 그렇지 않다. 한결같다. 겉으로 보이는 앞모습과 남들이 보지 못하는 뒷모습이 서로 예쁘게 닮았다.

나는 행복하다.

지금, 이 순간 나는 무지하게 행복하다.

미니멀라이프라는 신념을 가지고, 이렇게 글을 쓰고 있는 나 자신이 자랑스럽기 때문이다.

지금, 내 삶에 미니멀라이프가 필요하다는 생각이 들면 내 주변 반경 1m를 정리해 보길 권한다. 마음이 편안해지고 자신이 자랑스러울 것이다.

"내가 정리를 했어!"

"그래, 이렇게 하면 되는구나!"

비움의 필요성을 느끼고, 바로 비웠다면 당신은 실행력이 정말 좋은 사람이다. 마음이 몸을 움직이게 하고, 그런 나를 바라보며 나의 자존감이 커지는 선순환을 경험할 것이다.

왜 미니멀라이프일까? 이제 답을 찾았다고 믿는다.

이 글을 읽고 몇몇 문장에서 뒤통수가 찌릿했다면, 당신도 미니멀라이프를 경험할 차례다.

6장

비움으로 찾은 행복

· 임희빈 ·

슬로우 미니멀라이프 모임의 창조자이자 리더. 미니멀라이프를 동경하지만 살림의 'ㅅ'자도 모르고 살다가 우연히 미니멀라이프 비움을 접하면서 물건을 비우는 것이 마음을 비우는 것임을 알게 되었다. 다른 사람을 의식하지 않고 마음을 비우면서 나에게 집중하여 내가 좋아하는 것으로 성공하는 비결을 '슬로우 미니멀라이프 프로젝트(슬미프)'를 통해 다른 사람들에게 전파하고 있다. 저서로는 〈엄마와 아이가 함께하는 스마트폰으로 이모티콘 작가되기〉〈성공한 엄마들의 버리기 기술〉이 있다.

○ 블로그 : https://blog.naver.com/pastel1103
○ 인스타그램 : https://www.instagram.com/shamaleb

슬로우 미니멀라이프 프로젝트

미니멀라이프 실천 5년 차...

나의 두 번째 책인 〈성공한 엄마들의 버리기 기술〉에 적혀있는 것과 같이 나는 여전히 짠 미니멀리스트이고, 우리집은 드라마틱하게 바뀌지 않았다. 이사를 하면서 가구를 들이지 않아 일부 비슷하게 꾸며 놓기는 하였지만 식탁은 늘 어질러져 있고, 주방 상부장과 서랍은 날을 잡고 정리를 해야 깨끗해진다. 어느 정도 지나면 더 이상 버릴 게 나타나지 않을 줄 알았다. 깨끗하게 정리된 공간은 항상 그렇게 깨끗하게 되어 있는 줄만 알았다. 정리된 공간을 유지하는 일은 너무나 어려웠으며, 최선을 다해 노력해야만 했다.

미니멀라이프를 처음 접할 때도 그랬다. 남들은 다 잘하는데 나만 못하는 것 같았다. 그래서 나만의 속도로 미니멀라이프를 실천하고자 프로젝트 이름을 슬로우 미니멀라이프 프로젝트(약칭 슬미프)라 칭하고, 함께 할 팀원들을 모집하여 지금까지 3년째 운영하고 있다. 슬미프에서 처음에는 한 달 단위로 비워야 하는 구역을 정해주고, 그곳을 둘러보며 매일 1개씩의 비움 활동을 실시했다. 그리고 사진을 찍어 기록으로 남긴다. 매일 1개씩의 비움을 실천하지만, 어느 날은 한 장소를 정해서 한꺼번에 많이 비워내는 날도 있다.

슬미프 회원님들께는 미니멀라이프를 실천하면 재고의 수량을 알게 되어 더 이상 추가 구매하는 일이 생기지 않기 때문에 가계에도 도움이 된다고 알려드렸다. 잘 따라오신 분들은 '쓸데없는 물건을 사지 않게 되었다', '물건을 구매할 때 한 번 더 고민하고 구매하게 되었다'며 감사의 인사를 전했지만, 실제 우리집은 여전히 유통기한 지난 물건이나 필요하지 않은 물건들이 어디선가 계속 생김에 따라 버려야만 하는 일들이 주기적으로 발생하고 있다.

그런데도 내가 슬미프를 통해서 다른 사람들에게 미니멀라이프를 전도하는 이유는 내적으로든 외적으로든 변화가 많이 되었기 때문이다. 미니멀라이프를 몰랐더라면 나는 17년간 다니던 회사를 그만두지 못했을 것이다. 미니멀라이프를 시작하지 않았더라면 나는 블로그에 글을 쓰지 못했을 것이다. 미니멀라이프에 관심이 없었더라면 나는 아직도 남들의 눈치만 보며 그냥 그렇게 살았을 것이다. 그래서 나는 슬미프를 통하여 다른 사람들에게 계속해서 미니멀라이프 실천을 전하고 있다.

이 프로젝트는 처음에는 30일간의 프로젝트로 실천했는데, 모집과 프로젝트 운영이 한 달 주기로 돌아가다 보니 30일간의 일정이 촉박하여 현재는 21일 프로젝트로 변경했다.

〈성공의 법칙〉 저자 맥스웰 몰츠는 "습관으로 자리 잡기 위해서는 21일간 지속해야 한다. 새로운 습관을 만들려면 21일이 필요하기 때문이다." 라고 말하고 있다. 이것이 21일 프로젝트로 변경한 이유이기도 하다. 미니멀라이프도 결국은 습관이고 꾸준함이 필요했다. 한두 달 실시한 팀원들은 바로 비움의 효과가 나타난다. 그동안 버리기를 못했던 사람들이 버리기 시작하면서 정리를 시작하게 되고, 공간이 깨끗해지니 마음이 정리가 되는 것을 경험한다. 그런데 몇몇 회원님들은 3~4개월 지나면 더 이상 버릴 것이 없다고 느껴지기도 한다고 했다. 처음에 미니멀라이프를 접하고 실천하다가 100일간의 기록을 뒤로 한 채 손을 놓았던 것과 같은 경험을 하시는 분들도 계신다. 그러나 한번 손을 놓으면 집은 순식간에 예전의 그 상태로 돌아가 버리고 만다. 그렇게 되지 않기 위해서 모임을 통하여 팀원들이 서로 위로하고 격려하며 함께 슬미프를 실천하고 있다.

슬미프 팀원들과의 첫 번째 공저 책인 〈성공한 엄마들의 버리기 기술〉이 출간되고 바로 두 번째 프로젝트를 기획했다. 또 다른 팀원들을 모아서 두 번째 공저 책을 쓰는 것이다. 그 전제로 미니멀라이프 비움 프로젝트를 1년간 같이 해야 한다는 조건을 넣었다. 1년간 비움 프로젝트를 한다면 거기에서 분명히 변화가 있을 것이고, 그것을 기록으로 옮길만한 결과가 나온다는 것을 알았기 때문이다. 그래서 연간 회원을 모집했다. 비우기로 변화를 얻고 싶은 분들, 혹은 책을 쓰고 싶은 분들 각자가 원하는 내용을 가지고 프로젝트에 참여해 주셨다. 온라인상에서 본인만의 책을 쓰고 싶지만, 책쓰기 수업을 별도로 받으려면 금액도 비싸고 하니까 호기심에 프로젝트를 신청한 분들도 계셨다. 책은 같이 쓰고 싶지만 비우기를 꾸준히 못 하여 탈락하는 분들도 계셨다. "비우기를 못하셨으니 같이 책을 쓰실 수 없습니다." 라고 말한 것은 아니었다. 너무 바쁜 일이 있었다거나, 갑자기 건강상의 문제가 있었다거나, 끈기가 없었다거나, 슬럼프에 빠졌다거나 등의 이유로 저절로 더 이상 함께 할 수 없게 되었다. 그런 분들은 1년이 지난 후 책을 쓰자고 해도 참여할 수가 없다. 비우기를 그만큼 하지 못한 분들은 변화를 느끼지 못했을 것이고, 그러면 글로 남길 무언가도 남지 않기 마련이다. 반대로 비우기를 꾸준히 한 분들은 미니멀라이프를 접하기 전의 나의 모습, 미니멀라이프를 실천하면서 생기는 에피소드, 힘들었던 것, 좋았던 것, 변화된 것, 그리고 그런 본인만의 구체적인 변화들로 인하여 다른 사람들에게 얘기하고 싶은 내용, 전달하고 싶은 내용을 바탕으로 글을 쓰셨다.

  나도 그랬고, 첫 번째 공저 책을 함께 쓴 작가님들이 그랬고, 지금 두 번째 공저 책을 함께 쓰고 있는 작가님들도 그렇다. 그게 내가 계속해서 미니멀라이프 실천을 강조하며 모든 사람들에게 전도하고 있는 이유이다.

미니멀라이프로 작가 되기

〈성공한 엄마들의 버리기 기술〉을 출간하고 북토크를 하게 되었다. 미니멀라이프를 처음 접하게 된 상황과 그로 인해 변화된 내용, 그리고 독자들이 어떻게 따라 하면 좋을지에 관한 기술들에 대해서 알려주었는데 아무것도 아니었던 내가 글을 쓰게 된 과정이 더 궁금한 분들도 있었다.

"알겠어요. 미니멀라이프를 실천하면 외적 내적의 변화가 이루어진다는 것은 저도 여러 책을 통해서 봤던 것 같고요. 그리고 저도 미니멀라이프를 접해서 조금씩 실천을 하고 있는 중이라 어떤 의미인지 알 것 같아요. 요즘은 마음이 좀 편안해지고 있거든요. 그런데요. 그래서 이걸로 어떻게 작가가 되었다는 것이에요? 작가가 되기까지의 과정을 설명해 주세요."

처음 시작은 미니멀라이프였다. 매일 비움으로 습관을 잡아가기 시작하다가 블로그라는 신세계를 발견했다. 블로그 강의를 듣고 1일 1 포스팅을 539일을 했다. 하루 2~3개의 글을 쓴 날도 있었다. 어떤 글이든지 매일 하나는 꼭 썼었다.

글감이 없을 때는 글감을 구걸하기도 했다. 블로그를 같이 하던 모임에서 리더님이 "'나비보벳따우'가 요즘 인기가 많아요. 그걸 찾아서 써 보세요." 라고 말하면 인터넷에서 얼른 그것을 찾아 조사해 보았다. '모여봐요 동물의 숲'이라는 게임에서 말티즈 종의 개가 부르는 노래였다. 특별한 뜻은 없지만, 엄청 중독성이 있는 노래 가사라는 것이 그 글의 내용이었다. 처음에는 동물의 숲이 뭔지도 몰랐는데 인터넷에서 그 내용을 찾아서 글을 쓰는 방법으로 하루의 포스팅을 끝낼 수 있었다. '나비보벳따우'라는 키워드는 내 블로그의 엄청난 조회수를 올려주기도 했다.

또 어떤 날은 딸아이게 글감을 요구했다. "고은아, 엄마 글감 좀 찾아줘 봐." 그러면 고은이가 종이접기 하는 방법, 키링 만드는 방법, 비즈공예 꽃 만드는 방법, 강낭콩 키우기, 달걀 천 번 저어 달걀 수플레 만드는 방법 등을 알려준다. 고은이가 만드는 방법을 알려주면 나는 옆에서 사진을 찍어 그것을 블로그에 기록하는 방법으로 글을 썼다. 이처럼 ○○하는 방법 등은 블로그 조회수를 높이는 데 꽤 도움이 되었다.

블로그 강의를 여러 개 들었는데 블로그를 키우기 위해서는 콘텐츠를 한가지로 뾰족하게 가져가는 것이 좋다고 한다. 그래야 블로그 인플루언서로 뽑힐 수도 있다고 했다. 그러나 나는 딱히 가지고 있는 재능이 없고, 어떤 분야의 전문가도 아니기에 블로그를 뚜렷하게 목적 있는 방향대로 운영하지는 못했다. 이런 것을 사람들은 이것저것 아무거나 쓰는 잡블로그라면서 '잡블'이라고 불렀다. 나는 잡블을 운영했기에 그야말로 아무거나 올릴 수 있었다. 그게 무엇이었든 매일 한 번도 빠짐없이 글을 쓴다는 것이 중요했다. 매일 숙제를 하듯이 글을 썼다.

그러면서 나의 글쓰기 힘은 늘어갔다. 처음에는 300자 쓰기도 버거웠는데, 필요에 따라서는 3,000자 글쓰기도 할 수 있었다. 블로그에 글을 쓰면서 생산자의 삶이 어떤 것인지 조금씩 알게 되었다. 블로그 글을 쓰는 것을 몰랐을 때는 필요한 정보를 얻기 위해 네이버를 열어 검색하고, 검색된 글들을 읽으며 내용을 소비하는 소비자였다. 그러나 이제는 다른 사람들이 필요로 하는 키워드로 글을 쓰면 내 글이 검색되어 읽힌다. 생산자의 삶으로 사는 그것에 관한 공부를 더 하게 되었다.

그러다 알게 된 것이 이모티콘 만들기였다. 블로그에서 많이 쓰는 이모티콘을 만들어 판매도 하면서 사용도 가능하다니 이것이야말로 생산자의 삶이었다. 그렇게 이모티콘을 만들어 판매했다. 소소했지만 온라인 세계를 접하고 처음으로 입금된 부수입이 되었다. 너무 신기했다. 그리고서 또 보니 많은 사람이 전자책 쓰기를 하고 있었다. 책을 써서 PDF로 만들고 그것을 크몽이나 클래스 101과 같은 플랫폼에서 판매하는 것이었다.

처음 육아서를 읽으며 책 읽기를 시작한 나는 관심사가 부동산, 경매, 재테크 등이었다. 자연스레 경제적 자유라는 단어를 접하고 내가 일하지 않아도 수입이 들어오는 구조를 만들어야겠다고 생각했다. 부동산이 첫 번째였지만 투자금도 많이 있어야 할뿐더러 그만큼의 여유 자금도 없고, 무턱대고 저지르기에는 용기도 부족했다. 월급 이외의 다른 부수입을 만들고 싶었는데 내가 할 수 있는 것은 이모티콘을 만들어 판매하는 것이 다였다. 그런 생각을 하다 책의 인세 역시 한번 써 놓으면 팔릴 때마다 입금되는 수입이구나 하는 생각이 들어서 책을 쓰고 싶다는 막연한 생각을 했었다.

그래서 나도 전자책을 써야겠다고 생각했다. 하지만 쓰고 싶은 마음만 있었지 콘텐츠가 없어서 전자책 쓰기 모임에 들어갔다. '어떤 내용으로 전자책을 만들면 좋을까?' 밤새 고민하던 어느 날 밤에 문득 머리를 스치고 지나간 것이 '이모티콘 만들기'였다. 이모티콘 만들기는 블로그를 처음 접하는 사람들은 모두 관심이 있었다. 블로그에 사용되는 이모티콘을 내가 그림 그려서 만들어 사용도 할 수 있고, 판매도 할 수 있기 때문에 인기가 많았다. 그러나 접근성이 쉽지 않다는 이웃님의 말을 듣고 누구나 쉽게 만들 수 있도록 스마트폰 앱을 이용해서 그림을 그리고, 이모티콘을 제안하는 방법을 전자책으로 썼다. 3주 만에 완성된 전자책을 크몽와 클래스101에 등록하고 판매했다. 전자책은 ○○로 돈 버는 방법, 투잡하는 방법, 월 300만 원 벌기 등등 돈에 관련된 키워드가 잘 팔리는 책의 제목이라고 했다. 그래서 책의 제목을 〈스마트폰으로 누구나 쉽게 이모티콘 만들어 돈 버는 방법 A to Z〉라고 했다. 첫 번째는 스마트폰 무료 프로그램을 사용하여 누구나 쉽게 접근할 수 있다는 것을 강조했고, 두 번째론 돈 버는 방법을 설명했다. 이모티콘이 팔리면 단돈 1천 원이라도 수입으로 잡히기 때문이다. 스마트폰 앱을 이용해서 이모티콘을 만드는 방법부터 네이버 오지큐에 제안하는 방법까지 내용을 담은 전자책을 완성했다. 간단하게만 작성했는데도 실제로 이 전자책을 보고 이모티콘을 만들어 제안하여 승인받은 블로그 이웃님도 있었다. 그 후 전자책 소개를 하면서 친구들에게도 자랑했지만, 내 친구들은 전자책이 무엇인지 잘 알지 못했다. 종이책이 쓰고 싶어지는 순간이었다.

어느 날 〈2시간 만에 유튜브 크리에이터 되기〉의 허지영 작가님 무료 특강을 듣게 되었다. 북토크는 아니었고 '꿈이 있는 엄마는 다르게 산다.' 라는 제목의 엄마 성장 특강이었다. 작가님은 블로그 기록을 계속해야 한다. 체력을 길러야 한다. 거절을 당해보자는 내용으로 강의를 했는데 모든 게 와 닿았다. 밤늦게 블로그 글을 쓰다가 그 책이 눈에 들어왔다. 〈하루 만에 ZOOM으로 프로 강사 되기〉라는 책을 옆에 가지고 와서 두 권의 책을 나란히 놓고 있으니 내 책의 제목이 생각났다.

"2주 만에 스마트폰으로 이모티콘 작가 되기"

당장 메일함을 열어서 출판사에 메일을 쓰기 시작했다. 새벽 1시가 넘은 시간이었다. '출간 제안 드립니다. 2주 만에 스마트폰으로 이모티콘 작가 되기' 라는 제목과 함께 써 두었던 전자책을 첨부했다. 전자책에는 스마트폰 앱의 딱 필요한 기능들만 기술했는데, 참고한 다른 두 책과 같이 기능 설명을 추가하고, 전자책을 기반으로 온라인상에서 진행하고 있는 '나도 이모티콘 작가'라는 프로젝트 내용을 추가하여 책을 내면 어떨까 하는 제안이 메일의 내용이었다. 결과적으로 제안은 성공했고, 〈엄마와 아이가 함께하는 스마트폰으로 이모티콘 작가 되기〉라는 첫 책이 출간되었다.

블로그 주제에 맞춰서 글을 쓰기 위해서 주 1회로 간축하여 글을 썼다면, 내가 무슨 전문가라도 된 양 한 분야에 대해서만 글을 쓰겠다고 다짐했다면, 나는 그렇게 꾸준히 글을 쓰지 못했을 것이다. 나의 경우에는 글감이 무엇이든 아무거나 매일 글을 꾸준히 쓴 것이 너무 중요했다. 그렇게 나의 첫 번째 책이 나왔다.

끝까지 버티는 자가 승자

나는 정리를 잘하는 사람이 아니다. 미니멀라이프 실천을 장려하고 있지만 내가 미니멀라이프를 실천하면서 변화되고 바뀐 내용에 대해서 전파하는 것이지, 내 삶이 항상 깨끗하게 정리 정돈을 의미하는 것은 아니다. 지난 5년간 부단히도 노력하고 있다고 하면 맞을 것 같다. 나는 왜 이것밖에 안 되지? 라는 마음에 그냥 포기해 버렸다면 나의 삶 자체가 바뀌지 않았을 테니 말이다.

며칠 전에도 남편은 나를 한심하게 쳐다보며 "미니멀라이프 한다는 사람이 창고가 이게 뭐냐?" 라고 한 적이 있다. 순간 나도 욱하고 올라와서 "이건 자기 낚시용품, 이건 자기 골프용품, 이건 자기 차량용품, 창고 물건들의 절반 이상은 자기 것이니까 자기가 정리해." 라고 말은 했지만, 남편이 외출한 사이 창고 정리를 했다. 잠시 방심한 사이 창고 물건들은 너저분하게 올려져 있었다. 요즘은 잘 안 쓰는 마스크들은 선반 이쪽저쪽으로 올려져 있었고, 필요한 경우를 대비하여 보관한 쇼핑백들은 크고 작은 것들이 마구 올려져 있었다.

강아지 사료는 선반 아래쪽으로 넣어두고 있었는데, 사료를 사면서 받았던 샘플용 사료들은 선반 위에 널브러져 있었다. 가운데 떡 하게 자리 잡았던 선풍기를 안방 베란다 쪽 창고로 옮기고, 마스크는 마스크끼리, 강아지 용품은 강아지 용품끼리 분리했다. 크고 작은 쇼핑백들은 필요한 것들만 남기고 비워냈다. 언젠가 쓰일 것처럼 보이지만 쇼핑백도 그렇게 많이는 필요하지 않아서 크기에 따라 몇 개씩만 남기고 비워냈다. 이렇게 버릴 것은 버리고 끼리끼리만 분리해 놔도 훨씬 깔끔하고 좋아 보였다. 발 디딜 틈도 없이 꽉 차 있던 창고는 어느새 말끔히 정리되었다.

이전에 한 번 정리해 두었기에, 각자의 물건에 자기 자리를 비치하면서 금방 청소가 되었다. 하지만 티브이나 블로그에서 보는 미니멀리스트들과 같은 아무것도 없는 깨끗하고 하얀 집을 유지하기란 쉬운 일이 아니었다. 그저 매일 한군데를 조금씩 청소한다는 생각으로 오늘은 현관 앞, 오늘은 거실, 오늘은 욕실, 욕실 중에서도 오늘은 세면대, 오늘은 욕조, 오늘은 바닥 등으로 세부적으로 나눠서 조금씩 청소한다. 슬미프 프로젝트의 비움의 규칙대로 매일 1개를 비우는 것과 같은 맥락이다. 어떤 프로젝트에서는 1일 차 1개, 2일 차 2개, 3일 차 3개.... 이렇게 해서 30일 차에 30개를 비우는 프로젝트도 보았다. 나름대로 의미가 있겠지만 나처럼 게으른 사람과, 버리기 아까워하고 정리 못 하는 사람이 할 수 있는 프로젝트는 아니었다. 그것이 내가 1일 1 비움을 고집하고 있는 이유이다.

자신을 어떤 모임에 가두고 인증을 하는 시스템은 혼자 무언가 시작하기 어려운 사람이나, 무엇인가 시작해도 늘 작심 3일로 끝나는 사람들에게 좋다. 그렇게 매일 비움 인증을 하는 슬미프 프로젝트도 21기까지 진행했는데 프로젝트 기간에 한 번도 빠짐 없이 비움을 실천하는 분들이 있었지만, 이런저런 이유로 인증을 빼 먹는 분들도 있다. 바쁜 일들로 하루 이틀 못할 수는 있으니 다시 심기일전하여 끝까지 참여하시는 분들이 있는가 하면, 하루 이틀 빠짐으로 인해 더 이상 인증을 하지 않는 분들도 계시다. 또 다른 분은 잠시 쉬어가겠다고 요청하셨다. 실제 3개월을 딱 쉬었지만, 다시 돌아올 힘이 있으셨던 이분은 비우기를 꾸준히 하셨고, 지금 이 책을 같이 쓰고 계시다.

자기계발을 시작하면서 온라인 세계를 접하고 여러 가지 강의들을 많이 들어보니 여러 종류의 강사들이 있는데 어떤 강사님들은 "강의를 하시는 분들은 정중히 사절합니다. 이 강의의 내용으로 다른 강의를 할 시 법적 조치에 취할 수 있습니다." 하는 경우가 있는 반면, 본인이 가지고 있는 노하우 전부를 알려주는 분들도 있다. 그분들은 하나같이 "그대로 따라 하시면 됩니다. 전부 알려드립니다. 이렇게 다 알려드려도 어차피 안 하십니다. 아무도 안 하실 거잖아요." 이렇게 얘기한다. 개인적으로 후자의 강사님들이 좋다. 그대로 따라 하면 결과가 나올 텐데 그대로 하는 사람들이 얼마 없다.

그것이 자기계발이든지, 돈을 버는 일이든지, 미니멀라이프를 실천하면서 나의 마음을 비우는 일이든지, 가계부를 쓰는 일이든지, 운동을 하는 일이든지, 심지어 아침에 일어나 물 한 컵 먹는 일일지라도 매일매일 내가 할 수 있는 일을 포기하지 않고 끝까지 하면 승자가 된다. 끝까지 하는 사람이 살아남는 것이고, 끝까지 하는 사람이 성공하게 된다.

★ **액션 플랜 예시**

일단 작은 것부터 실천하고 성공하는 경험을 하자. 실천해야 할 사항들을 적어놓고 동그라미로 표시한다.

오늘의 할일	1/1 월	1/2 화	1/3 수	1/4 목	1/5 금	1/6 토	1/7 일	1/8 월	1/9 화	1/10 수
기도	○	○	○	○						
이불 개기	○	○	○	○						
물 마시기	○	○	○	○						
블로그 글쓰기	x	○	x	○						
독서 10분	○	○	○	○						
필사하기	○	○	○	○						
1일 1개 비움	○	○	○	○						
청소기 돌리기	○	○	○	○						
강아지 산책	○	○	○	○						
운동	x	○	x	○						
감사일기	○	○	○	○						
책 쓰기	x	x	○	○						

몸값 올리기 대작전

　나는 경제적 자유를 이루고 싶었다. 그래서 온라인 세상에 뛰어들었고, 그래서 그곳에서 알려주는 것은 내가 할 수 있는 범위 내에서 뭐든지 시도했다. 금액이 크게 들지 않는 범위 내에서 최대한 많이 해 보려고 노력했다. 가끔 남편은 벌려만 놓고 끝까지 하는 게 없다고 나무라기는 했지만, 나는 일단 많이 해봐야 그게 경험이 되리라 생각했다.

　〈스마트폰으로 누구나 쉽게 이모티콘 만들어 돈 버는 방법 A to Z〉전자책을 쓰고 나서 [나도 이모티콘 작가] 프로젝트를 시작했다. 1기 수업은 무료로 진행했다. 나와 아이가 이모티콘을 만들어 판매한 경험을 책으로 쓰기는 했지만 남을 가르치지는 않았기에, 첫 수업은 조금 미흡할 수 있다고 생각되어 무료로 진행하되 딱 5명만 모집을 했다. 무료로 수업하지만, 이분들의 결과와 블로그 후기들이 결국 나의 자산이 될 것을 알고 있기 때문이었다. 그리고 2기부터는 5만 원을 받았다. 수강생들은 간단한 수업만으로 이모티콘 만드는 방법을 깨닫게 되므로 그 만족도가 높았다. 고은이도 초등학교 4학년부터 이모티콘 작가가 되었으므로 엄마와 함께 참여할 수 있도록 초등학생도 같이 모집했는데 그 반응이 좋았다. 온라인 줌으로 교육했기에 온 가족이 컴퓨터 앞에 모여 앉는다면 한번 수강 등록으로 수업도 같이 들을 수 있게 했다. 기수가 늘어남에 따라 수강생도 늘었다. 〈엄마와 아이가 함께하는 스마트폰으로 이모티콘 작가 되기〉 종이책이 출간된 이후는 책 발송을 포함하여 11만 원으로 금액을 올렸다.

줌으로 온라인 수업을 진행하면서 학교 방과 후 수업을 할 수도 있는지 알아보기도 하고, 근처 마트 문화센터에서는 수업할 수 없는지 찾아다녔다. 학교, 춘천 홈플러스, 춘천농협 문화센터에도 수업을 런칭했다. 학교와 문화센터는 강사들 강사료가 높은 편은 아니었다. 강사 연차에 따라 올라가기도 하고, 책을 쓴 작가라는 타이틀이 있으면 강사료가 올라가기도 한다. 학교나 문화센터보다 도서관 강의가 강사료가 훨씬 좋았다. 작가 타이틀로 가는 것이기도 했고, 타지에서 오니 교통비가 포함되어서 그런지 몰라도 주말에 남편을 기사로 두고 이동할 정도로 금액이 좋았다.

이모티콘 작가 되기 수업은 하루 만에 끝날 수가 없는 수업이었다. 프로젝트로 실시하여 최소 2주는 해야 프로그램 사용법을 설명하고, 본인만의 캐릭터를 그리고, 그것을 디지털화로 바꾸고, 네이버에 제안하는 것까지 완성할 수 있다. 그러나 도서관이나 문화센터에서는 1일 특강을 요청하는 곳들이 생겨났다. 고민한 결과 이모티콘 만들기로는 1일 특강을 할 수 없겠다 싶어서 만든 것이 '반려동물 사진으로 이모티콘 만들기'였다. 우리집 강아지인 '무지'를 캐릭터로 만들어 봐야겠다 싶어서 이틀 만에 뚝딱 작업했고, 제안한 지 2주 만에 네이버에서 판매 가능하게 되었다. 너무 기뻤는데 강의 런칭을 위하여 급하게 작업을 하는 바람에 비 오는 날 우비를 입고 찍은 무지 사진에는 다리가 3개인 채로 승인이 되었다. 이렇게 무지의 사진 이모티콘을 승인 받은 이후에 먼저 무료 특강을 개설했다. 이번엔 반려동물이 있는 분들을 대상으로 해야겠기에 우리 동네 산책하다 만난 무지 친구들 보호자를 대상으로 재능기부 한다고 하여 줌으로 수업했다. 본인 강아지 사진으로 만드는 것이니 모두 재미있어 했고, 그중 한 분은 밤새 작업하셔서 이틀 만에 제안하고 한 번에 승인되었다. 네이버 블로그나 카페에서 글을 쓸 때 본인 강아지 이모티콘을 사용할 수 있으니 너무 좋다고 하셨다.

그 다음으로 오픈하게 된 유료 수업에서는 반려동물의 표정이 살아있는 개성 있는 24장의 사진을 준비물로 준비하라고 하였다. 인터넷에서 배경 화면을 없애고, 스마트폰 앱으로 테두리를 그리거나 글씨, 작은 그림들을 추가하여 동물 이모티콘을 만들고, 그것을 제안하는 법을 가르쳐줬다. 주 1회씩 하여 20주 수업의 한 한기 강의를 원하는 곳도 많았지만, 강사들이 대부분 타지에 있다 보니 특별 프로그램 형식의 1일 특강도 인기가 많았다. 도서관, 마트나 백화점 문화센터 등에서 선호했다. 반응이 좋아서 별도로 블로그를 통하여 온라인에서 사람을 모집하여 진행하기도 했다. 강의는 온라인이든지 오프라인이든지 계속 문을 두드리면 들어오게 된다. 개인 인스타그램이나 블로그를 활용하여 홍보하는 것도 좋다. 블로그나 인스타그램 프로필에 이모티콘 강사로 표기히 두고, 책 출간 내용도 올리면서 강의했던 내용을 지속해서 올리면 다른 곳에서 또 문의가 들어오기도 한다.

 슬미프도 마찬가지였다. 처음에는 무료로 비움 인증을 시작했다. 팀원들이 늘어나면서 1만 원 유료 프로그램으로 전환했다. 100% 인증을 하면 커피 쿠폰을 선물로 주기도 하기에. 관리하고 진행함에 있어 1만 원도 마이너스이다. 처음에는 별도 강의 없이 비움만 했었는데, 슬미프 회원님들의 첫 공저책 이후로는 그 책의 내용과 내가 어떻게 미니멀라이프를 접했는지, 무엇이 변했는지, 앞으로 프로젝트는 어떻게 진행되는지 등의 내용을 담아 오프닝 강의를 실시했다. 그리고 금액을 조금 올렸다. 이렇게 슬미프를 월 프로젝트로 운영하다가 같이 비움을 1년 넘게 한 팀원들과 첫 번째 공저 책을 출간한 이후, 두 번째 책도 출간할 수 있을 것 같아 두 번째 책 출간 기획을 했다. 하루 한 개 비움이라는 실천 행동은 아주 작은 것 하나이지만 이것을 1년간 꾸준히 한다면 분명 눈에 보이는 변화들이 있을 거라는 확신을 가지고 있었기 때문이다. 그래서 월 프로젝트를 1년 프로젝트로 바꿨다.

   장기 프로젝트임에도 불구하고 함께 하자고 참여하신 분들이 모이면서 지금 그분들과 이 책을 함께 쓰고 있다. 나는 책쓰기를 가르쳐주는 강사가 아니므로 책을 쓰는 비용은 별도로 받지 않는다. 다만, 비움을 통해서 우리가 경험한 내용들이 너무나 소중하고 다른 사람들에게 알려주면 좋겠다 싶어서 팀원들을 독려하여 같이 책을 내 보자고 제안만 했을 뿐이다. 내가 작가님들께 해 줄 수 있는 말은 "남의 이야기 말고 본인만의 이야기를 담아주시면 됩니다. 무조건 앉아서 쓰시면 됩니다. 머리로 쓰려고 하지 마시고 엉덩이와 손으로 쓰려고 해 주십시오." 라고 조언만 할 뿐이다.

   계속된 다른 시도로 쌓여가는 경험치로 인해 점점 발전하는 모습이 보이면 몸값은 자연스레 올라가게 되어있다. 이것도 결국은 지속해서 무엇인가 시도하고 도전해야 한다는 것이다. 그저 책하나 완성한 작가라는 타이틀을 가지고 있다고 해서 몸값이 올라가는 것은 아니다. 때로는 누군가 블로그나 인스타를 통해서 제안해 온다면 조금은 두려울지라도 거절하지 않고 일단 오케이 하는 용감함도 필요하다. 변화하고 싶다면 계속해서 무엇인가를 시도하길 바란다.

5 매일이 감사, 매일이 행복

오프라 윈프리의 〈내가 확실하게 아는 것들〉에서는 감사하는 마음을 가지면 주파수가 변하고 부정적 에너지가 긍정적 에너지로 바뀐다고 한다. 감사하는 것이야말로 우리의 일상을 바꿀 수 있는 가장 빠르고 쉬우며 강력한 방법이라고 확신했다. 나도 감사 일기를 써야겠다고 생각했다. 그러나 나는 감사 일기 쓰는 일이 도통 어려웠다. 아침에 눈을 뜸에도 감사하고, 따뜻한 물어 목욕하고 있음에도 감사하면 된다고 했는데, 막상 펜을 들고 앉아 있으면 무엇을 써야 하는지 난감했다.

그러다 감사 일기를 쓸 수 있는 책을 선물 받았다. 〈The Gratitude Diary〉이 책은 자기 자신에게 감사한 것, 감사한 사람, 감사한 일을 매일 적는 것으로 되어있다. 가이드가 있으니 그냥 적을 때보다는 적기 편했다. 사실 블로그를 시작하면서 본인의 블로그에 감사 일기를 적는 사람들을 많이 봤다. 하지만 블로그의 알고리즘을 공부하면서 감사 일기는 블로그에 도움이 되지 않는다고 배웠다. 그런데도 왜 이렇게 많은 사람들이 블로그에 감사 일기를 쓰는 것인지 이해가 되지 않았었다. 그러나 감사가 나의 부정적인 에너지를 긍정적인 에너지로 바꾸고, 그것으로 인해 내가 할 수 있는 일이 더 많다는 것을 알게 되면서 나는 감사 일기를 쓰기로 결정했다. 많은 자기계발서에도 공통된 부분 중 하나가 감사 일기였다. '감사 일기 쓰면 되지 그게 뭐 어렵겠어?' 하고 시작했지만 나한테 감사 일기는 그리 쉬운 게 아니었다. 그럼에도 불구하고 잘 안되지만 시작했다.

매일 도전하며 책을 읽고 있는 나에게 감사합니다.
시간을 허투루 쓰고 있지 않은 나에게 감사합니다.
어제보다 오늘 더 나아진 나에게 감사합니다.
방 걸레질 깨끗이 한 나에게 감사합니다.
남편을 위한 반찬을 6가지나 만든 나에게 감사합니다.
아침 일찍 일어나 강아지 산책을 시킨 나에게 감사합니다.

매일 매일 감사한 사람을 떠올리며 감사 일기를 작성했다. 나에 대한 감사뿐만 아니라 가까운 가족인 남편, 딸에게 그날 있었던 일에 대해 구체적인 감사를 하고, 친정엄마, 시어머니, 아버지, 친구, 출판사 대표님, 블로그를 통해서 알게 된 이웃님들께 감사하는 내용을 적었다. 그리고 감사했던 일들 사건에 대한 감사의 내용을 적었다.

사소한 감사가 늘어나니 신기하게도 짜증을 내는 일이 줄었다. 가족들에게 늘 감사한 마음을 적으니, 친정엄마를 대할 때도, 딸을 대할 때도 좀 더 너그러운 마음으로 바라보게 되었다. 예전에 버럭 했었던 일들이 이제는 별것 아닌 것처럼 느껴졌다. 감사의 힘은 실로 대단했다.

긍정의 에너지로 바뀐다고 했던 말은 실제로 일어났다. 직장생활 20년 만에 퇴사하고 집에 있으면서 〈엄마와 아이가 함께하는 스마트폰으로 이모티콘 작가 되기〉 책을 집필했다. 글은 전혀 쓰지도 못했던 공순이가 퇴사 1년 만에 책을 한 권 내게 된 것이다. 이에 대해 주변 반응이 극명하게 갈렸다. "와 너무 멋지다 이제 작가님인 거야? 내 친구가 작가님이라니 대단한걸? 대단하다." 하는 부류가 있는가 하면, 말을 이렇게 한 건 아니지만 "네가 무슨 책을? 작가라고? 이거 좀 이상한데?" 라고 보는 사람들도 있었다. 물론 처음 겪어 보는 일이라 당황했고, 속상하기도 했다. 이전 같았으면 몇 날 며칠을 끙끙 앓았을지도 모르겠다. 하지만 이번엔 딱 하루만 속상했다.

"상대방이 어떤 말이나 행동을 하던 선한 의도를 가정하라" 안드라 누이가 한 말이다.
주변 사람들의 말과 행동을 이상하게 해석하고 나쁘게 받아들이는 것이 아니라 선한 의도로 받아들이는 것이다. 이것도 내가 감사를 하면서부터 생겨났다. 긍정의 에너지가 올라오는 순간이었다. 감사 일기는 내 생각과 마음을 바꿔주었다.

구체적인 감사 일기를 쓰면 계속 감사를 해야 하므로 모든 일을 긍정적으로 대하게 된다. 부정적으로 나에게 오는 일까지 긍정적인 눈으로 바라볼 수 있다면, 모든 일이 더 수월하게 해결됨도 알 수 있었다. 몸이 아픈 상황에서도 쉴 수 있게 해 주셔서 감사하고, 접촉 사고가 난 상황에서도 큰 사고가 나지 않았음에 감사한다. 같은 상황인데 신세 한탄을 하는 것이 아니라 감사를 하면서 그 상황을 대하면 부정적인 감정들이 나에게 들어오지 않게 되어 안 좋은 일들도 빨리 해결하게 됨을 볼 수도 있다. 감사의 힘이란 정말 위대한 것이다.

잘 알기는 하지만 감사가 떠오르지 않을 때도 있고, 아직 감사가 잘 안 나올 때도 있다. 그럴 때는 블로그나 카페에 다른 사람의 감사를 보며 나도 같이 감사하곤 했다. 그분들의 감사하는 마음을 보면서 구체적인 감사함을 배우고, 나도 더 감사할 수 있게 되었다.

네이버 밴드에 [매일 한 개 감사 일기 쓰기]라는 밴드를 만들고, 매일 1개의 감사 일기를 인증하는 미션을 만들었다.

어떤 사람은 자신의 몸이 아프거나 혹은 아주 많이 아프신 가족을 간호하고 계심에도 감사를 했고, 어떤 분은 아버지가 돌아가셨는데도 감사 일기를 끊지 않으셨다. 정말 대단하신 분들이라고 생각했다. 함께하면 멀리 가고 오래갈 수 있다고 하던데 이렇게 대단하신 분들에게 하나하나 배우며 따라가고 있다.

감사 일기는 때로는 미래형으로 쓰기도 한다. 책을 쓰고 난 이후로 온라인으로 시작해서 오프라인에서도 강의를 하고 있는 나는 극소심 I형의 인간이다. 강의하고 나면 "선생님, 이 프로그램 계속 써 왔지만, 이런 기능은 처음 알았어요.", "선생님 너무 재미있어요. 그림은 재능이 없었는데 이렇게 알려주셔서 감사해요.", "이런 건 디자이너만 할 수 있는 것인 줄 알았어요. 저도 하고 아이도 같이할 수 있어서 너무 좋아요.", "아이랑 취미가 같아지니까 대화가 늘었어요.", "아이도 생산자의 삶을 살아서 너무 좋대요." 등의 다양한 피드백을 받는다. 직접 듣는 내용이라 좋은 말씀만 해 주시는 것도 있겠지만 그게 그렇게 힘이 되고 좋다. 다른 사람들이 알지 못했던 부분을 내가 알려드렸다는 뿌듯함이 더해져서 더 많이 더 잘 알려드리고 싶은 마음들도 생겨난다. 그런데, 지금 나의 경우에는 강의를 준비하고 강의장으로 가는 길이 무척이나 떨리고 두렵다. 그 길이 멀다면 증상은 더 심해진다. 강의를 잘하는 강사님께 문의하니 경험을 많이 쌓으면 나아질 것이라고 하는데 어쨌든 아직은 두려운 게 사실이다. 가는 발걸음은 너무 힘들고 무겁지만, 다시 집으로 돌아오는 발걸음은 너무 기쁘고 신이 난다. 그래서 강의가 있는 날 아침이면 이렇게 감사 일기를 쓴다.

"오늘도 강의를 완벽하게 잘 마쳤음에 감사합니다. 많은 사람들이 더 많이 배우시고, 좋아해 주시고 기뻐해 주심에 감사합니다. 오늘도 행복합니다."

성공한 많은 사람들은 아침에 하는 긍정 확언을 통해서 마음을 바로 하고, 하루를 시작하는 일로 성공에 한 걸음 더 나아간다고 한다. 그런 마음으로 시작한 나의 감사 일기는 두렵고 떨리는 일에 대한 부분도 미래형 감사로 마음을 다스리고 있다. 작은 일에서부터 미래의 일까지 모든 일이 감사가 된다. 감사하는 삶을 살고자 하니 행복이 따라왔다.

이목원 작가님의 〈쫓기지 않는 50대를 사는 법〉에 보면 일상의 감사가 인생 후반기 기적을 낳는다고 한다. 나도 이제 40대 후반부를 찍고 있으므로 나의 이런 소소한 감사들이 인생 후반기의 기적으로 남기를 바란다.

 행복한 꼬니맘의 감사 일기
① 구체적인 감사를 해라.
② 일상의 소소한 내용으로 감사를 해라.
③ 미래의 일을 현재 시점에서 감사해라.
④ 매일 꾸준히 써라.
⑤ 잘 생각이 안 날 때는 다른 사람의 감사 일기를 봐라.
⑥ 감사 일기를 함께 할 사람들을 찾아 같이 써라.

행복한 파이어 작가로 살기

요즘 나는 켈리 최의 〈웰씽킹〉에서 배운 대로 시각화하기 시작했다. 일단 내가 원하는 보물 지도를 그렸다. 가운데 원을 그리고 아이가 그린 우리 세 식구 그림과 키우는 강아지 사진을 붙였다. 왼쪽 위쪽으로 〈나는 짠 미니멀리스트〉라는 책 제목을 적어두었다. 살림 똥손, 요리 똥손의 바쁜 엄마들을 위한 책이라고 부제목도 적었다. 제일 처음 책을 쓴다면 '나는 짠 미니멀리스트' 라고 제목을 정하고 싶었다. 짠 미니멀리스트이지만 내가 경험하고 얻은 것들을 나누는 강사가 되기 위하여 300명 앞에서 강의하는 사진도 붙여 놓았다. 강의를 하면 할수록 강의가 쉽지 않다고 느끼고 있는 상황이긴 하지만, 정말 많은 사람 앞에서 강의해야지 하는 꿈을 그리기 시작했다.

그 옆으로는 작게 나의 신앙 체험이라는 책 사진도 붙였다. 언젠가 나의 신앙고백이 담긴 책도 내고 싶다. 그리고 옆으로 벤츠 E 클래스 사진을 붙였다. 차에 대해서는 잘 모르는데 누군가 가방의 끝이 에르메스라면 차의 끝은 벤츠라고 했던 게 생각이 나서 벤츠 사진을 붙여두었다. 그 옆에는 기아 대책 필드트립 사진을 붙였다. 기아 대책에 후원하는 아이가 한 명 있었는데, 그 아이를 만나러 가는 것이 꿈이기도 했고, 비전 보드를 만들 당시는 코로나로 해외는 나갈 수 없는 상황이었는데도 해외 봉사를 하고 싶다는 생각이 있어서 그렇게 비전 보드에 적고 사진을 찾아 붙였다.

높은 층수의 아름다운 뷰를 가지고 있는 거실의 사진도 붙였다. 미니멀라이프에 걸맞은 모델하우스 같은 깔끔한 집, 1층에 스타벅스 매장이 있는 월세 받는 건물의 건물주, 빈민국에 학교 10개 짓기, 인터넷 쇼핑몰, 100억 자산, 10억 현금, 월 1천만 원 내가 원하는 모든 것들을 보물지도 안에 그려나갔다. 인터넷에서 그에 맞는 이미지를 찾아서 붙였다. 진짜 이런 일이 나에게 일어날까? 하는 것들도 적거나 그림으로 붙였다. 그려놓고 안돼도 상관없으니까 진짜 원대한 꿈을 그려보자 하고 적어두었다.

이렇게 완성된 보물 지도는 집안 곳곳에 붙여 놓는 것이 좋다고 한다. 그러나 나는 그냥 컴퓨터 폴더 안에 파일로만 존재한다. 그런데도 그중에 제일 어려울 것 같았던 책 출간이 가장 먼저 되었다. 높은 층수의 집에서 살고 있고, 매일 유지되지는 않지만 청소하고 정리해 놓으면 모델하우스 같은 깔끔한 집에서 살고 있다. 아직 건물주도 해야 하고, 100억 자산도 만들어야 하지만 차근차근 하나씩 이루어지고 있다고 생각한다.

처음 전자책을 써보고 싶다는 생각했을 때 [파이어 작가 프로젝트]를 발견했다. 경제적 독립을 이루어 조기 은퇴하는 사람들을 뜻하는 '파이어족'과 글 쓰는 사람인 '작가'를 결합한 것이라고 소개되어 있었다. 조기 은퇴라는 말도 너무 매력적이었고, 작가라는 말도 매력적이었다. 첫 번째 책을 출간하고 남편이 나에게 물었다.

"전화에 임 대표라고 저장해둘까? 임 작가라고 저장해 둘까?"

"난 임 작가... 임 작가가 좋아."

마쓰다 미쓰히로 작가의 〈청소력〉에 보면 청소하는 것만으로도 플러스 에너지를 불러일으켜서 사업에 성공하여 급여의 2배를 받게 된 이야기, 매출을 20퍼센트 올린 이야기, 회사 매니지먼트에 성공한 이야기를 볼 수 있다.

이런 이야기들을 책으로 접하며 청소와 정리를 잘하지도 않고 좋아하지도 않지만, 꾸준히 조금씩 계속 실천한 한 사람이 있다. 뭐가 어떻게 되고 있는 것인지, 잘 하고 있는 것인지도 모르면서 묵묵히 비움을 실천했고, 하루 한곳씩을 정리하거나 닦기 시작했다. 본인의 장점이라고는 하나도 없던 그녀는 온라인에서 사람들을 모집하고 함께 비움을 실천하고 경험한 바를 나누자고 전도하기 시작하더니, 그 모임에서 만난 사람들과 책을 쓰기 시작했다.

아시겠지만 필자의 이야기이다. 자기만의 색깔도, 콘텐츠도, 이야기도 특별하지 않았던 한 사람이 미니멀라이프 실천을 한다고 묵혀두었던 물건들을 비워내고, 매일 한 곳씩 청소를 시작으로 책을 쓰고, 강의를 하고, 삶이 변화되고, 긍정적인 생각을 하며, 남들과 비교하지 않고, 감사하는 마음을 갖고 행복하게 살고 있다. 물론 여전히 어지르기 좋아하고, 잠깐 한눈팔면 식탁 위에 잡동사니가 가득가득 올라오고 있지만, 오늘도 하나씩 실천하고 정리하면서 파이어 작가라는 목표에 한 걸음 더 나아가며 성장하는 삶을 살고 있다. 이 글을 읽는 모든 독자들에게도 비움, 정리, 청소를 같이 실천해 보자고, 그 길을 함께 가 보자고 간절히 권한다.

7장

비움으로 치유되는
나의 인생

· 장연애 ·

결혼 후 삶의 무게에 짓눌려 우울증을 앓게 되었고, 우리집 공간을 보면 한숨이 절로 나왔다. 정리정돈을 잘하던 내가 어쩌다 이렇게 되었는지 의아했다. 도저히 어디서 부터 손을 대야 할지 엄두가 나지 않았다. 그러다 슬로우 미니멀라이프 프로젝트를 시작하면서 최소 1일 1비움을 시작했다. 어느새 원래의 모습을 찾게 된 우리집 공간. 깨끗한 집은 되었어도 명상같은 비움은 계속된다. 저서로는 전자책 〈누구나 쉽게 배우는 폰사진〉이 있다.

o 블로그 : https://blog.naver.com/issilinj

minimalist

비움을 돈 내고 한다고?

　비움에 돈을 내다니? 어릴 때부터 누가 시키지 않아도 시간만 나면 정리정돈을 취미 삼아 해오곤 했었다. 치우고 나면 깨끗해지는 모습을 보며 내 마음까지 깨끗해지는 희열을 느꼈었다. 그러던 내가 2022년 5월 9일부터 슬로우미니멀라이프 프로젝트에 참여했다. 그것도 내 돈을 내면서 비움을 시작했다. 돈을 잘 쓰지 않는 나로서는 상상도 하지 못할 일이었다.

　왜 돈을 내면서까지 비움을 시작하게 되었을까? 이유는 나를 살리기 위함이었다. 결혼 후 내 인생은 굴곡이 많았다. 결혼 전엔 경제적으로 어렵지 않게 살았기 때문에 결혼해도 당연히 힘들지 않게 살 것이라 생각했었다. 하지만 착각이었고 내 인생의 고난은 결혼부터 시작되었다.

　남편은 결혼 전부터 사업을 시작했었다. 친정엄마께서 "사업하는 사람은 경제적으로 어려울 수 있으니 안된다." 라고 말씀을 하셨지만 인생을 잘 몰랐던 나는 사업하면 당연히 잘 살줄 알았다. 결혼을 탐탁치 않아 했던 친정엄마와 추진력이 좋은 시어머니 사이에 끼어 정신 차려보니 어느새 결혼식장이었다. 시어머니는 결혼 1년 후에 돌아가셨다. 서른 살이 되도록 아들의 결혼 대상자가 없자 시어머니께서 직접 아들 결혼을 성공시킨 것이었다. 그것도 돌아가실 것을 미리 아신 것처럼 말이다.

남편이 똑똑하다고 생각했다. 상식을 어디서 쌓았는지 아는 것이 참 많았다. 그러다 보니 똑똑한 남편과 살면 힘들지 않게 살아가리라 생각했었다. 하지만 아는 것과 잘사는 것은 별개의 문제였다. 남편은 시도하는 사업마다 결과가 좋지 않았다. 광산 사업, 정수기 사업, PC방 사업 등 벌어보지도 못하고 투자한 돈만 날렸다.

친정엄마가 살아오셨던 방식대로 남편이 벌어다 주는 돈을 아껴 쓰고 저금하면 그럭저럭 힘들지 않게 사는지 알았다. 하지만 벌어다 주는 돈이 없다 보니 생활비를 신용카드에서 빼서 쓰고, 결제날이 되면 여러 개의 카드를 돌려막기 해야 하는 상황이 반복되었다. 그래도 저금했던 습관이 있어서 푼돈을 저축하여 만기일이 도래하면 자랑삼아 남편에게 얘기하곤 했다. 이상하게 목돈이 생기면 꼭 쓸 일이 생겼다. 내가 모은 돈은 나를 위해 써보지도 못하고 매번 남편이 벌인 일에 들어가야 하는 상황이 생겼다.

그래서 결심했다. '돈을 모으지 않으면 마음 아프게 쓸 일도 안 생기겠지?' 라고 생각하고 저금하지 않게 되었다. 매번 마이너스의 가계부는 쳐다도 보기 싫어 어느 순간 가계부도 쓰지 않았다. 사는 것에 재미가 없다 보니 아무 생각 없이 살게 되었다.

아이들이 행복하려면 엄마인 내가 먼저 행복해야 한다는 것을 최근에 알게 되었다. 경제적으로 궁핍하다 보니 남편과 아이들에게 화풀이를 하게 되었다. 나라도 취업하여 돈을 벌 수도 있었지만 세 명의 아이들을 맡기는 것도 돈이 꽤 들어 차라리 직접 아이들을 돌보는 것이 남는 것이었다. 시댁과 친정은 있었으나 내 아이들을 맡길 수 있는 환경이 안 되었다.

식구가 다섯 명인 우리집은 보통 20kg 쌀을 사서 쌀통에 넣어둔다. 하지만 돈이 없어 1만 원어치 쌀을 사러 간 적도 있었고, 이웃에 사는 친구에게 돈을 빌리러 다닌 적도 있었다. 필요한 만큼의 돈을 얘기했지만 그들도 여유가 없어서 조금만 빌리곤 했었다. 어쩌다 내 처지가 이리도 비참하게 바뀌었는지 한심하고 불쌍했다. 이런 상황에서 나의 자존감과 자존심은 결혼 후 내리 하강 곡선을 그린다.

남편은 도전하는 사업마다 안되었고 가정경제도 어려움이 계속되었기 때문에 "더 이상 사업은 하지 않았으면 좋겠어요. 단돈 100만 원이라도 좋으니 월급을 제대로 받으면 좋겠어요."라고 남편에게 얘기했다. 그래서 시작된 남편의 월급 생활. 전문지식 없이 나이가 들어 들어간 직장에서의 월급은 다섯 명이 살기에는 정말 적은 돈이었다. 그래서 막내가 초등학교 3학년이 되었을 때 나도 취업전선에 뛰어들었다. 결혼 전 금융권에서 일한 경력은 있지만 경력 단절된 상태에서 전문지식 하나 없는 내가 갈 곳은 없었다. 나를 채용하여 월급만 주는 곳이면 좋겠다 싶어 아무 회사나 들어갔다. 그만큼 매월 들어오는 돈이 간절했던 때였다. '하느님이 정말 있기는 한 걸까? 어쩌면 단 한번도 나를 편하게 놔두지를 않지?' 취업했다고 기뻐한 것도 잠시였다. 월급을 월급이 아닌 용돈 식으로 찔끔찔끔 주는 바람에 몇 개월 다니고 회사를 그만두었다.

　이때부터 사회에 조금씩 눈을 뜨게 되었다. 내가 원하는 곳에 취업하려면 학력, 경력, 자격증들이 필요하다는 것을 알게 되었다. 취업조건을 맞추기 위해 방송통신대학교를 다니고, 워드프로세서, 컴퓨터활용능력 등 여러 자격증을 독학으로 공부했다.
　그러나 학력과 자격증을 갖추고도 취업되는 곳은 대부분 계약 기간이 있는 계약직 근로자였다. 계약 기간이 끝날 때쯤이면 다시 이력서를 들고 철새처럼 이리저리 면접을 보러 다녀야 했다. 그러다 운이 좋게 정년이 보장된 무기계약직으로 취업이 되었다. 하지만 조직에서의 정규직, 비정규직 차별을 견뎌야 했고, 나이 어린 사람들과 협업하는 것이 힘에 부쳤다. 남편은 월급은 작았지만 회사는 다니고 있었는데 이마저도 회사에서 해고를 당했다. 더불어 나의 출근길이 지옥길로 가는 것처럼 너무 힘들던 시기였다.

이때 구원의 손길이 다가왔다. 남편의 남동생이 영어 학원을 오픈했는데 상담실장과 운전기사가 필요하다고 했었다. 대신 조건이 있었다. 두 사람 모두 와야 받아준다고 했다. 남편의 남동생이 원장이고 남편이 직원이 되는 수직관계가 내심 불편했다. 하지만 남편이 아무것도 안 하고 집에 있는 것을 벗어나는 길이기에 결심했다. 무기계약직의 직장을 그만두고 춘천에서 김포로 이사를 했다.

이때 뼈저리게 느낀 것이 형제끼리는 돈거래와 더불어 함께 일하는 것은 추천하고 싶지 않다는 것이다. 김포에서의 생활은 생각했던 것보다 우리 부부의 가슴에 시커먼 멍을 안겨주었다. 자존심 굽히고 돈만 보고 일해야지 생각했지만 그러지 못했다. 돈이고 뭐고 남편이 상처받는 것이 싫어서 1년 넘게 일한 김포를 떠나 다시 춘천으로 돌아왔다.

나의 우울증은 이때부터 본격화되었다. 타인과 벌어지는 갈등은 어렵긴 했지만 마음을 정리할 수 있었는데, 피를 나눈 남편 남동생과의 갈등은 이 글을 적는 지금까지도 치유가 되지 않는다. 나는 그렇다 치고 남편이 불쌍했다. 시댁 식구들에게 어렵게 산다고 대접을 제대로 받지 못한다는 생각이 들었기 때문이다. '나라도 경제적 능력이 있다면 얼마나 좋을까?' 라고 생각하면서 우울증의 늪으로 1년간 빠져버린다.

집 밖으로 1년간 나오지 않았다. 나로 인해 가족 모두가 힘들었을 텐데 잘 견뎌주고 내게 힘이 되어준 것을 지금도 고맙게 생각한다. 어느 날 인터넷에서 정회일의 〈읽어야 산다〉라는 책을 접하게 되면서 서서히 우울증의 늪에서 벗어날 수 있었다. 우울증을 겪다 보니 그나마 없던 자존감이 더 바닥을 치고 있었다. 이대로 살 수 없다는 생각이 들면서 내 주변을 돌아보니 쌓아놓은 살림살이들이 잔뜩 보였다. 정리정돈을 취미 삼아 잘하던 나였지만 엄두가 나지 않았고, 어떻게 정리를 시작해야 할지 두려웠다.

그러던 차에 최소 1일 1비움 한다는 슬로우 미니멀라이프 프로젝트를 만나게 되었다. 매일 1개씩이라도 비우다 보면 정리 잘 된 집으로 바뀔 수 있다고 생각했다. 그것도 돈을 내고 시작하게 되었다. 1일 1비움한 지 1년 6개월이 지났다. 우울증을 겪었던 지난날은 〈세상에 이런 일이〉에 나올 정도로 심각한 환경이었다. 지금은 나의 기준으로 호텔급이다. 그만큼 정리정돈이 잘 되어있고 생활에 불편함이 없으며, 비움으로 마음까지 정화가 되고 있다. 슬로우 미니멀라이프 프로젝트는 우울함에서 벗어나는 인생의 기회가 되었다.

정리정돈이 취미였던 나

"신발 신고 들어가도 돼요?"
"현관이 너무 깨끗해서 신발을 어디에 벗어야 할지 모르겠어요."
앞집 아주머니가 물어보면서 현관으로 들어오셨다.

어릴 때 취미나 특기를 물어보면 '정리정돈'이라고 대답했다. 누가 시키지 않아도 정리정돈 후 제자리에 놓여진 물건들을 보면서 흐뭇해했다. 4남매의 세 번째이면서 장녀인 나는 매주 주말이면 집안 대청소를 취미 삼아 하곤 했다.

읍내에 소재하고 있는 우리집은 신작로를 바로 접하고 있어 차들이 지나가면 먼지가 바로 문과 창틀에 앉았다. 지금보다 시력이 좋았던 시절이라 더 잘 보이기도 했고 그런 먼지를 그냥 지나치질 못했다. 평일에는 학교에 다녀야 하니 주로 주말에 청소 날짜를 잡아서 했다. 바로 아래 두 살 터울의 여동생은 집에 있는 날이 거의 없었다. 하교 후 매일 친구 집에 놀러 다녔기 때문에 혼자 청소를 도맡아 했다. 그래도 청소가 재미있어 동생을 원망하거나 하진 않았다.

아버지는 목수일과 논농사를 하셨고 엄마는 한복 짓는 일을 집에서 하셨다. 맞벌이가 흔하지 않은 시절에 맞벌이를 하셔서 엄마는 늘 바쁘셨고, 내가 집안일 거드는 거에 고마워하셨다. 대신에 주방일은 시키지 않으셨는데, 나중에 시집가면 자연스레 다 할 거라면서 미리부터 할 필요 없다고 하셨다.

대청소를 주로 했던 시절이라 한번 시작하면 목표한 청소가 끝나야 밥을 먹었다. 6·25를 겪으셨던 엄마는 식사 때를 놓치는 것을 굉장히 큰일로 아는 분이시다. 전쟁을 겪으면서 끼니를 제대로 못 드셨던 것이 한이 되었는지 끼니를 잘 챙겨주셨다. 정작 나는 청소를 시작하고 마무리 되지 않았다고 밥을 먹지 않았으니 엄마 입장에서는 환장할 노릇이었을 것이다. 스스로 완벽하게 청소했단 생각이 들어야 밥을 먹었다.

엄마가 한복집을 해서 약혼, 결혼, 환갑, 칠순, 팔순 등 경사가 있는 분들이 한복을 맞추러 많이 왔다. 특히, 5일장단 되면 우리집은 동네 손님으로 북적거렸다. 시골에서 장을 보러 나오신 친인척들을 어머니는 그냥 보내지 않았다. 식사까지 제공하는 넉넉한 인심 덕분에 우리집은 늘 동네 사랑방이 되었다.

엄마가 바쁘시다 보니 사람들이 나가면 나는 쓸고 닦고를 반복했다. 엄마가 시키지 않아도 현관 청소를 했다. 펌프에서 물을 받아 타일이 깔린 현관에 물을 붓고 빗자루로 빡빡 문지르면 반짝반짝 윤이 나는 현관이 되었다. 그것을 보면 내 마음도 빛이 나는 것 같았다. 앞집 한약방 아주머니는 현관에 신발 벗기 부담스럽다고 하셨다. 그러면서 차가 다니는 신작로에 신발을 벗고 들어와서 웃음을 짓게 하는 경우도 있었다.

신작로가 바로 앞에 있는 우리집 가게는 유리도 많았다. 가로 세로 20cm 정도의 격자무늬로 만들어진 가게문을 시간만 나면 닦았다. 덕분에 가게 유리문은 늘 깨끗했다. 어릴 적 여섯 식구가 거주하는 방 말고 방 세 개를 세 놓았었는데 방이 빌 때면 우리집을 지나다니던 분이 세를 얻기 위해 찾아왔었다. 지나다니다 집이 깨끗해서 눈여겨보고 있었다고 한다. 예나 지금이나 월세가 빨리 나가게 하려면 기본이 청소인가 보다.

한복하시는 엄마의 1호 도구 중에 가위는 꽤 중요한 도구였다. 가끔 가위 날이 무뎌지면 숫돌에 가위 날을 세우기 위해 갈았다. 엿장수 가위처럼 소리도 나고 무거운 큰 가위도 있었고, 은색 빛이 도는 반짝반짝 빛나는 가위가 하나 더 있었다. 어릴 때는 자주 볼 수 없는 신제품이었다. 정리하면서 기존 가위가 망가지면 어머니께 새 제품이 여기 있다고 하면서 드리려고 잘 숨겨 놓았었다. 그런데 까맣게 잊어버렸다가 나중에 보니 녹이 슬어 있었다. 이때부터 '아끼다 똥 된다.' 라는 속담을 확실히 믿게 되면서 이후부터는 새 제품을 구입하면 먼저 사용하는 습관이 생겼다.

 나의 정리정돈은 집안에만 국한되지 않았다. 눈이 오는 겨울이면 넉가래와 빗자루를 들고 집 앞을 쓸고 밀었다. 내 집 앞을 치우지 않으면 불편한 사람은 바로 우리 가족이기 때문에 눈 치우는 것은 당연한 일이었다.

 집안의 액자가 비뚤어지면 자다가도 수평을 맞추고 다시 누워야 직성이 풀렸다. 학창시절 시험 기간이 되면 가장 먼저 한 일이 치울 것이 없는 책상 청소였다. 책상 위만 하는 청소가 아니었다. 책꽂이 책상 서랍을 다 열고 일렬종대와 일렬횡대로 줄을 잘 맞춰 놓아야 마음 편하게 시험 공부를 시작할 수 있었다. 이렇게 나의 학창시절은 누가 시키지 않아도 스스로 청소하는 취미가 정리정돈인 사람이었다.

가족이 함께하는 미니멀라이프

나는 요리를 못한다. 오랜 시간 정성 들여 음식 장만을 했지만 먹는 사람의 표정을 보면 개선의 여지가 없다는 것을 알게 된다. 음식은 타고 난 손맛이 있어야 하는 것이 확실하다.

그런데 정리정돈은 재미있다. 무엇인가 도전을 했는데 돌아오는 성과가 만족스러우면 자꾸 하고 싶은 생각이 드는 것이 인지상정이다. 요리는 돌아오는 성과가 없었지만, 정리정돈은 성과가 있다.

보통 어깨너머로 배운다는 소리를 듣는다. 어머니가 음식을 잘하면 어깨너머로 본 기억이 있어 처음 요리하는 자녀들도 어느 정도는 한다. 그래서 믿었었다. 정리정돈을 잘하는 나를 보고 자란 아이들 세 명 모두 나처럼 잘할 줄 알았다. 하지만 하나같이 잘 못한다. 정리 못 하는 남편을 어깨너머로 보고 배운 것이다.

정리 잘하는 사람과 정리 못 하는 사람이 함께 살고 있다면 누가 힘들까? 지저분한 것이 눈에 보이지 않는 사람은 평화롭겠지만 보이는 사람은 괴롭다. 그것을 치워야 마음의 평화가 찾아오기 때문이다.

우리집에서 정리가 안 되어 힘든 사람은 나뿐이었다. 그러다 보니 잔소리가 마를 날이 없었다. 아이들의 기억 속에는 잔소리 많이 하는 엄마로 기억이 남아있다고 한다. 혼자서 정리를 하다 보니 힘에 부쳐 잔소리가 나왔을 것이다. 내가 지혜롭지 못해 혼자 투덜거리며 다 치운 것이다. 가족의 마음을 움직이는 말주변이 없었기 때문이다.

아이가 세 명이라 정리를 해도 뒤돌아보면 어질러져 있었다. 아이들이 어렸을 때는 나의 통제하에 정리정돈이 마무리되었지만, 커서 주관이 생긴 아이들은 "알아서 할게요" 라는 말만 하고 움직이지를 않는다. 그러니 또 잔소리가 나온다. 되돌이표 노래처럼 잔소리가 반복되는 일상이다.

그러던 중 집안을 정리·정돈했던 내게 우울증이 닥치면서 집안이 쓰레기장이 되어가고 있었다. 집안이 정리가 안 되었는데도 지저분한 것을 끔벅거리는 눈으로 쳐다보는 것밖에 할 수 있는 것은 아무것도 없었다.

SBS 〈세상에 이런 일이〉 프로그램을 시청하다 보면 가끔 쓰레기 더미에서 사는 사람들이 나온다. 물건에 대한 집착인지? 마음의 병이 걸린 것인지?

TV 속 집처럼 쓰레기 집이 되어가는 것이 아닐까? 걱정만 하고 있을 때였다. 이가 없으면 잇몸으로 먹는다는 속담이 있듯이 치우는 사람이 없으니 가족들이 조금씩 바뀌기 시작했다. 가족들이 본인 방과 물건들을 비우기 시작했다. 기력이 없는 나는 가족들에게 정리하는 방법을 알려주기만 했고, 가족들이 움직이는 것을 보고도 같이 치워야 하는 마음이 생기지 않았다. 알아서 잘 치우겠지 하는 생각만 하고 있었다.

깨끗이 정리하는 것은 여러 날이 걸리는데 어지럽히는 것은 순식간이다. 곳곳에 쌓아둔 영수증과 신문, 책장의 번지수를 찾아가지 못한 널브러진 책들, 분리수거 안된 쓰레기, 여름옷과 겨울옷이 엉켜있어서 번번이 찾아서 입어야 하는 옷 등 정리해야 할 것들이 태반이었다. 남편이 아이들과 같이 움직였다. 앞뒤 베란다, 거실, 안방, 작은방, 주방, 세탁실 등 곳곳에 비워내야 할 살림들을 100ℓ 일반 쓰레기 봉투에 담아냈다. 큰집도 아니었는데 얼마나 안 치웠는지 100ℓ 일반 쓰레기 봉투가 다섯 개나 나왔다. 그동안 사람이 사는 공간이 아니라 짐이 차지하는 창고 같은 공간이었다. 마음이 힘드니 개의치 않고 살아왔었다. 나는 그렇다 치고 가족들은 왜 안 치웠었는지? 내가 몰랐던 마음의 병이 온 가족에게 전염이 되었던 것은 아닌지 걱정이 되었다.

정리정돈하며 가족들이 알게 된 것들이 있다.
첫 번째, 정신없이 치우다 보니 치우는 것도 에너지가 많이 든다는 것을 알게 된 것이다. 그동안 나만 정리했던 것어 미안함이 보이는 듯했다.

두 번째, 물건들도 각자 자기 자리가 있다. 지정된 각자의 자리에 물건을 두면 어디에 뒀는지 찾는 일도 없을 것이다.

세 번째, 비우는 데도 쓰레기 봉툿값을 지불한다. 어차피 버릴 예쁜 쓰레기는 처음부터 사지 않는 것이 좋다.

네 번째, 집이 정리되면서 마음의 안정을 취하게 된다는 것이다.

이후부터는 물건을 구입할 때 나름 규칙이 생기기 시작했다.
① 쓰레기가 될만한 과대포장의 물건은 사지 않는다.
② 사용하게 될 물건만 골라 휴대용 시장 바구니에 담아 온다.
③ 예쁘긴 하지만 실용성 있는 물건인지 고민해 본다.
④ 꼭 필요한지 3번 생각한다.
⑤ 사기 전 집에 있는 물건들과 겹치는 것이 없는지 고려해본다.
⑥ 가격을 비교 검색하여 가성비 있는 물건을 산다.
⑦ 꼭 새 물건이 아니어도 된다면 중고를 알아본다.

1일 1비움한지 1년 6개월이 되었다. 아마도 1주 1비움을 했다면 그만큼 비우기가 더 어려울 것이다. 이제는 나만의 1일 1비움이 아니다. 가족들도 비우라고 도와준다. 1일 1비움이 가족의 화합도 도모하고 있으니 안 할 이유가 없다.

내가 살고 있는 방은 나 자신이다

당신이 살고 있는 '방'이 바로 '당신 자신'입니다. 즉, '당신의 마음의 상태, 그리고 인생까지도 당신의 방이 나타내고 있다.'는 것입니다. 마쓰다 미쓰히로의 〈청소력〉에 나오는 글이다.

방 상태로 나를 알 수 있다니 놀라운 일이다. 우울증으로 힘들게 1년여를 보내던 날들이 내 마음의 상태를 그대로 보여줬다고 하니 충격이었다.

1년 정도 김포에서 직장생활을 끝내고 가지고 온 살림살이들이 5~6박스 되었었다. 라면상자 크기 박스로 옷가지와 신발, 주방용품, 기타 살림살이를 나눠 담았다. 마침 군대 간 아들이 쓰던 방이 있었다. 정리하기가 힘들다는 핑계로 아들방에 보관하고 나중에 정리하기로 했었다. 하지만 정리하고픈 마음이 들지 않았다. 아들방은 짐을 놓는 순간부터 창고가 되기 시작했다.

우울증에 빠져 있어도 통장의 잔고가 없어지는 것만큼은 피부로 느껴지니 가만히 집에만 있을 수는 없었다. 온라인과 오프라인을 통해 구직활동을 시작하면서 할 수 없이 나를 꾸미기 시작했다. 바깥 공기를 쐬고 들어오는 날이면 정리하지 않았던 아들방의 짐들이 보이기 시작했다. 예전 같으면 한번 시작한 정리는 깨끗해질 때까지 끝을 봐야 손을 놓았다. 하지만 욕심부리지 않고 할 수 있는 만큼씩만 정리하기로 했다.

하루에 1박스씩 정리했다. 하루는 옷을 정리하고, 하루는 주방용품을 정리했다. 이렇게 며칠이 지나고 나니 창고처럼 쌓여있던 아들방의 박스들이 모두 정리되었다. 깨끗해진 방을 보니 마음까지 정화되는 기분이었다.

"그래, 나 원래 정리를 좋아했었지?" 오랜만에 느껴보는 행복한 기분이었다.

어릴 때부터 정리정돈을 취미 삼아 하던 나. 정리하는 것을 어설프게 하는 남편과 세 아이. 그들만의 미니멀라이프가 시작된다.

큰딸은 하얀색을 좋아한다. 옷, 신발, 가방 등 대부분 하얗다. 독립 후 큰딸이 사는 오피스텔을 방문했을 때 오피스텔 가구도 하얗고 노트북, 아이패드, 주방기기 등 대부분이 하얗다. 마치 오피스텔 모델하우스처럼 꾸며놓고 살고 있었다. 그러나 옷장과 서랍장을 열면 겉에서 보기와는 다르게 대충 던져 놓여져 있었다. 손님이 방문한다고 하면 시간은 없고 청소는 해야 될 때 가구 안으로 마구 던져놓은 것처럼 말이다. 정리를 해놓았다고 하지만 내 눈에는 50% 덜 된 정리방법이다. 그래도 기특하다. 본인 공간이라고 나름 정리를 해놓았기 때문에.

작은딸은 추억이 깃든 물건을 버리지 못한다. 침대 머리맡이나 화장대 선반에 각종 인형과 화장품들이 즐비하다. 맥시멈리스트의 딸은 모든 물건에 의미를 부여해서 정리를 잘하지 못한다. 20대 후반인 딸은 다섯 살 때 아빠한테 받은 크리스마스 선물인 곰돌이 푸우를 아직도 가지고 있다. 생일이 되면 친구들에게 받은 화장품과 인형들이 넘쳐나고, 개봉하지도 못한 화장품도 많다. 친구들에게 받은 고맙고 소중한 선물이라며 차곡차곡 쌓아놓는다. 모든 물건이 소중하고 추억이 있는 물건이라 애착이 가서 비움을 하지 못한다고 한다.

군대를 제대하고 대학교에 복학 후 음악동아리와 학교생활을 병행하던 아들의 방은 대체적으로 깨끗하지 않았다. 열심히 정리했다고 하지만 정리한 것이 맞는지 의문이 들 정도다. 나름 정리되었다고 했던 아들방이 지나칠 정도로 더러워지고 있었다. 깨끗하게 빨아 잘 개어진 옷과 입었던 옷들이 뒤엉켜 여기저기 널브러져 있다. 컴퓨터 하면서 먹었던 음식, 컵과 물병들이 그냥 방치되어, 그릇을 찾다 보면 아들방 책상에 놓여져 있곤 했다. 여러 번 주의를 주었지만 개선이 되지 않았다. 아들은 정리하는 것이 많이 힘든 모양이다.

아이들은 본인 방에만 물건이 정리되지 않았던 반면, 남편의 물건은 집안 전체에 사방으로 흩어져있다. 필요한 물건이라고 하면서 박스에 담아 책꽂이 위에 하나, 장롱 위에 하나, 옷장 안에 하나, 서랍장 안에 하나 둔다. 계속해서 물건만 박스에 담아놓는다. 언젠가는 사용할 줄 알았던 물건이었겠지만 남편 본인도 어디에 어떤 물건을 모아 놓았는지 기억하지 못한다. 이런 아빠를 아이들은 "아빠는 까마귀에요." 라고 부른다. 버리기는 아깝고 언젠가는 사용하겠지 하면서 열심히 모아만 놓은 것이다.

가족들 성격이 다르듯 물건을 대하는 마음도 모두 다르다. 물건만 모으는 남편, 안 보이는 곳에 대충 넣는 큰딸, 마음의 헛헛함을 물건으로 달래는 듯한 작은 딸, 먹고서 바로 치우지 굿하고 쌓아놓는 아들. 내가 우울증을 극복하지 못했다면 정리를 못 하는 우리집은 〈순간포착 세상에 이런 일이〉에 나오고도 남았다.

5. 여행 중에도 계속되는 비움

　1일 1비움을 시작한 이후로 장소가 어디가 되었든 비움은 계속된다. 이런 나를 보며 가족들은 그만하라고 한다. 그런데 습관이라는 것이 무섭다. 1년 넘게 한 비움은 아침 활동을 시작하면서 비울 거리를 찾게 된다. 다행히 비움을 하고부터는 많은 양의 비울거리가 없지만, 비움할 게 없으면 만들어서라도 하게 된다.

　추석 가족여행을 갔을 때다. 5인 가족이 1박 2일 울진여행을 했었다. 식당을 가거나 호텔에서도 정리하는 것은 내 몫이었다. 정확히 내 몫이라고 하기보다 먼저 나서서 비우다 보니 자연스럽게 하고 있었다. 분리수거 통이 따로 있지 않았지만 캔, 종이, 병, 플라스틱으로 분리하여 탁자에 올려놓으면 청소하는 분들이 편하게 일할 수 있는 거라 생각하며 뿌듯해했다.

　지금은 모두 고인이 되셨지만 시댁에 갈 때면 비움을 며칠 동안 하게 된다. 어른들이 물건을 버리지 못하고 움켜쥐고 있기 때문이다. 아까워서 버리지 못하는 물건들이 방마다 가득했다. 오래되거나 망가져서 사용하지 못하는 물건들이 곳곳에 쌓여있다. 물건을 사면서 받아 온 검정색 비닐봉지와 다양한 크기의 쇼핑백이 벽과 냉장고 틈새에 빼곡하다. 당분간 필요한 다섯 장 정도의 쇼핑백과 열 장 정도의 비닐봉지만 빼고 모두 비워버렸다. 쇼핑백을 찾다가 시작된 시댁 미니멀라이프! 무조건 버리면 야단맞기 때문에 사전에 허락을 받고 정리한다. 말씀드리지 않고 정리하면 쓸데없이 왜 버리냐고 하시니 고생은 고생대로 하고 야단맞는 쓸쓸한 일이 생기기 때문이다.

　쇼핑백 정리가 끝난 후 냉장고를 열어보았다. 앞쪽의 반찬은 최근에 만든 것이라 괜찮은데 뒤쪽의 반찬은 오래되어 곰팡이가 핀 경우도 더러 있었다. 냉장고 속 반찬과 음식 재료들을 모두 꺼내 식탁 위에 올려 놓았다. 따뜻한 물에 적신 행주로 냉장고를 구석구석 닦았다. 찌든 곳이 있으면 세제를 묻혀 닦아냈다. 소독 차원에서 식초물에 적신 행주로 다시 한번 냉장고를 닦았다.
　식탁 위에 놓인 반찬과 양념류들을 정리해 본다. 육안으로 보고 상한 것이 있다면 바로 비우고, 그렇지 않은 경우는 유통기한을 확인했다. 시부모님이 작은 글자는 잘 안보이기 때문에 정리하는 김에 유통기한 임박한 것들은 미리 정리해드렸다.

　시댁에 갈 때마다 항상 신경이 쓰였던 것이 짝이 맞지 않은 그릇이었다. 밥그릇, 국그릇, 수저가 짝이 맞지 않아 식사를 하다 보면 주워온 그릇으로 식사를 하는 기분이다. 수저 손잡이의 모양도 다 달라 숟가락과 젓가락 짝을 맞추려면 신경이 쓰인다. 간혹 짝이 맞지 않는 채로 숟가락과 젓가락을 놓으면 시어머니께서 짝을 맞추라고 한소리 하신다. 요리를 하는 것 만큼 어려운 것이 수저 놓기다.

내가 스치는 곳마다 마술봉으로 마술을 부리듯 집이 깨끗해지고 있다. 이런 맛에 어릴 때 정리하는 것을 좋아하는 아이였나보다. 시부모님은 뭐 이렇게 많이 버리냐고 하시지만 힘든 일을 대신 해 준다고 좋아하기도 하셨다.

친정도 마찬가지로 정리하고 비울 물건이 태산이다. 어릴 적 기억에 엄마는 정리를 잘 하셨던 거 같은데 나이가 있으셔서 그런지 정리가 되지 않고 있다. 친정을 갈 때에는 화장품과 옷을 챙겨가지 않는다. 엄마 물건을 빌리면 되기 때문이다. 한번은 화장품을 사용하려고 엄마 화장대에 앉았는데 화장품이 가득했다. 거의 다 사용한 화장품, 선물박스에서 꺼내지도 않은 화장품, 똑같은 제품이 몇 개 있는 화장품 등 뭘 발라야 할지 몰라 화장대를 자세히 살펴보았다.

설이나 추석 또는 생신 때 드린 화장품 선물을 풀지도 않고 보관만 하고 계셨다. 심지어 사용하고 계신 화장품은 유통기한이 지난 제품도 있었다. 엄마에게 허락받고 화장대를 정리해 드린다고 했다. 수월하게 청소하기 위한 첫 번째가 모든 물건을 화장대에서 내려 놓는 것이다. 먼저 먼지가 쌓인 화장대를 닦았다. 그 다음 화장품 하나하나 유통기한을 살펴보았다. 유통기한 지난 제품은 버리고 포장지도 뜯지 않았던 새 제품을 꺼내 놓았다. 정리하면서 보니 새 제품조차 유통기한 지난 것을 보고 너무 속상했다.

앞으로 엄마에게 선물 들어오면 새 것 먼저 쓰시라고 당부드렸다. 아까워 사용도 못 하고 버리는 것보다 낫기 때문이다. 없는 줄 알고 미리 사다 놓은 화장품도 몇 개 보였다. 새 제품을 화장대에 진열하고 똑같은 화장품은 나눔하기로 했다. 화장품으로 꽉 찼던 화장대가 몇 개의 화장품만 올려놓으니 허전할 정도다. 혹시 몰라 "아깝다고 버렸던 화장품 다시 가져오지 마세요." 라고 엄마께 당부드렸다.

이렇게 시댁으로, 친정으로, 때로는 여행을 할 때도 비움은 계속된다. 1일 1비움은 내가 가는 곳마다 비움의 대상이 된다. 나의 비움은 장소 불문 현재 진행형이다.

당근마켓으로 잠자는 돈 깨우기

 중고물품 플랫폼인 당근마켓을 본격적으로 활용한 지 6개월이 되었다. 그동안은 일가친척들의 물건만 주고 받았었다. 생판 얼굴도 모르는 사람에게 내 물건을 주거나 받는 것은 해본 적이 없었다.

 10여 년간 같은 집에서 거주하다 이사를 결심하니 도처에 정리해야 할 물건들이 많았다. 직장생활을 하는 워킹맘이라 평일에는 피곤해서 정리를 못했고, 주말은 평일의 피로를 달래기 위해 쉬다 보니 차일피일 미루게 되면서 이러면 안 되겠다는 생각이 들었다. 이사가기 30일 전부터 엑셀로 체크리스트를 만들어 하루에 한 군데씩 정리하고 비우기로 했다.

 결혼한 지 33년이 지나니 유행이 지나거나, 그냥 방치되었던 오랜된 물건들이 꽤 나왔다. 당근마켓에 올리기 위해 남편과 분업을 하기로 했다. 판매가 잘 되게 하기 위해 내 특기인 스마트폰 카메라로 찍어 주면 남편이 당근마켓에 업로드하고 거래를 한다. 남편의 첫 매너 온도는 36.5℃ 였으나 현재는 44.9℃ 이다. 재거래 희망률이 100%이고 29명 중 29명이 만족한다고 답변 해줬다. "시간 약속을 잘 지켜요.", "응답이 빨라요.", "친절하고 매너가 좋아요." 의 매너 평가를 받았다.

생활용품 사진은 주로 내가 찍고, 취미 장비인 낚시도구는 남편이 찍어서 당근마켓에 업로드했다. 깨끗하게 잘 찍은 사진들은 확실히 빠른 거래가 이루어졌다. 특히 기억나는 당근 거래는 이사하면서 필요없게 된 20L의 분리수거 쓰레기통을 누가 살까 의문이었다. 쓰레기통을 깨끗이 씻어 베란다에 말리는 사진을 찍고 쓰레기통 안쪽과 바깥쪽을 꼼꼼하게 사진 찍어 업로드했다. 대부분의 사람들은 쓰레기통 올릴 때 닦지 않고 더러운 것을 그냥 올린다고 남편이 말했다. 하지만 우리집처럼 씻어 말리는 것을 올리면 금방 반응이 올 거라고 했다. 남편의 말이 맞았다. 쓰레기통을 구매하는 분이 굳이 청소를 하지 않아도 되기 때문에 좋았다고 하면서 빠른 거래를 할 수 있었다.

당근마켓을 하면서 새로운 사실을 알게 되었다. 남편의 재능을 발견하게 된 것이다. 당근거래 물건을 업로드하기 위해서는 해야 할 과정들이 있다. 예를 들어 전자레인지를 판매할 경우, 실제 모델의 새제품 가격을 인터넷에서 검색한 다음, 당근마켓에서 거래되는 모델들을 가격 비교 검색해본다. 그런 다음 판매해야 할 물건의 가격을 책정하고, 잘 팔릴 수 있도록 조명이 밝은 곳에서 제품 사진을 5~6장 찍는다. 사진을 찍을 때도 구매자가 궁금해할 만한 것 위주로 사진을 찍으며, 어떤 것을 궁금해할지 잘 모를 경우 서로 물어본다. "전자레인지 살 경우 뭘 궁금해하고 사진을 볼 거 같아?", "난, 외관을 먼저 보겠어", "소비전력이 얼마인지 확인하겠어", "가격이 적정한지 보겠어". 서로 피드백을 받으며 구매자가 궁금해할 부분을 클로즈업하여 사진을 찍는다. 이렇게 하다 보니 당근마켓에 올리기가 무섭게 빠른 반응들이 온다.

당근마켓을 하면서 짭짤하게 돈도 벌고 남편의 재능도 찾게 되는 기회가 주어졌다. 가성비 좋은 당근마켓으로 내 가정에 충분하게 보탬이 될 수 있으며, 비움까지 함께 할 수 있으니 1석2조다.

미니멀 비움으로 맥시멈 채움

SNS상으로 1년 넘게 한 프로젝트는 없었다. 끈기가 부족하여 중간에 포기했기 때문이다. 그런데 1일 1비움인 미니멀라이프 프로젝트는 중간에 포기할 수 없었다. 비움을 하면서 마음이 정화되는 느낌을 받을 수 있었고, 그만큼 다른 부분들이 채워졌다.

나의 미니멀 1일 1비움은 특별한 일이 없는 한 기상하면서 시작된다. 일종의 아침 루틴이 되었다. 그렇다고 쓸만한 물건을 찾아 비우는 것이 아니라 유통기한이 지났거나 다 사용한 물건을 비우는 것이다.

집안 정리가 밀리기 시작하면 걷잡을 수 없게 된다. 치워야 함을 알고는 있지만 손대기 귀찮아지기 때문이다. 그렇게 외부적인 환경이 지저분하게 되면 어느 순간 마음까지 잠식당한다. 이미 우울증을 경험했던 적이 있기 때문에 그런 순간을 만들지 않으려고 애를 쓰다보니 1일 1비움을 하게 된다.

명상이란? 고요히 눈을 감고 깊이 생각하는 것이라고 한다. 명상을 하고 나면 마음이 차분해지고 머릿속이 정리가 된다고 한다. 비움, 사진찍기, 글쓰기. 명상에 준하는 이 3가지를 매일 하고 있다. 이 3가지는 정리하고 비우는 것처럼 나를 정화시키고 힐링시켜 주는 요소들이다.

1일 1비움은 집을 정리하여 깨끗하게 해주기도 하지만 내 마음이 어두워지지 않도록 하는 역할도 한다. 깨끗해진 마음의 공간에는 다른 것을 채우기도 한다. 동기부여되는 자기계발서를 읽거나, 매일 블로그에 일상의 소소한 글을 쓰기도 한다. 또한 힐링의 정점을 찍어 주는 스마트폰 사진을 찍기도 한다.

우울증이 생기면 내 마음이 내 마음이 아니다. 무기력해지고 일상생활을 할 수 없도록 모든 것이 힘들어진다. 마음이 땅으로 끝없이 꺼지고, 장점보다는 단점만 찾아보게 되고, 좋은 것 보다는 안 좋은 것만 찾는다. 세상의 탓을 내게서나 남에게서 찾기 바쁘다. 입에서 좋은 말이 나오지 않고 나를 둘러싼 모든 이들의 에너지를 뺏다 보니 같이 힘들어진다. 이랬던 내가 비움을 통해 세상의 빛을 보게 되었다. 더 이상 부정의 기운들이 쌓이지 않도록 비움을 통해 차단해버린다.

생활공간은 신경쓰지 않으면 어느새 사람이 주인인지, 물건이 주인인지 구분하기 어려울 때가 있다. 부동산 가격도 비싼데 그 비싼 곳을 쓰지 않는 물건에게 자리 양보할 필요는 없다고 본다. 사람이 우선이지 물건이 우선이 아니기 때문이다. 내가 주인인 집을 만들기 위해 공간확보를 할 필요가 있다.

주소가 있어야 우편물이 제대로 오는 것처럼 집안의 물건들도 자기만의 주소들이 있다. 이곳을 벗어나면 금방 집이 어지러워진다. 정해진 주소만 잘 찾아줘도 쾌적한 공간이 된다. 그리고 사람이 주인인 공간이 된다.

✦ 사진찍는부자의 정리 메모

⊙ 옷장과 서랍장

- ◇ 여름옷과 겨울옷을 구분하여 계절별로 옷을 정리한다.
- ◇ 옷걸이는 같은 방향으로 정리하여 통일성을 준다.
- ◇ 세탁소 옷걸이 양쪽 끝을 올려 바지걸이로 사용한다.
- ◇ 니트 종류의 옷은 구김이 가지 않게 크게 개어 서랍장에 넣는다.
- ◇ 가방과 가방 사이에 다 읽은 신문지를 켜켜이 넣어 곰팡이를 방지한다.
- ◇ 칸칸이 들어가는 양말이나 속옷 정리함을 준비하여 한 눈에 보이게 정리한다.
- ◇ 양말, 속옷, 웃옷개기는 3등분을 이용하여 갠다.

⊙ 욕실

- ◇ 수건은 공간을 적게 차지하는 호텔식 수건개기를 한다.
- ◇ 욕실청소 도구는 욕실 바닥에서 띄워 걸어야 곰팡이가 덜 핀다.
- ◇ 물기제거 도구 스퀴지를 이용하여 물기를 없앤다.

⊙ 주방
- ◇ 많은 주방 도구는 필요없다. 사용하는 몇 가지만 구비한다.
- ◇ 필요한 텀블러만 구비한다.
- ◇ 변색된 플라스틱 반찬통은 비운다.
- ◇ 제 뚜껑이 아닌 반찬통은 정리한다.
- ◇ 코팅이 벗겨진 냄비나 프라이팬은 비운다.

⊙ 신발장
- ◇ 다 읽은 신문지를 칸칸이 넣어 더러워질 때마다 교체한다.
- ◇ 신발의 방향이 한 방향으로 오게 가지런히 정리한다.
- ◇ 신발장 냄새는 다시백에 커피가루를 넣어 방향제로 사용할 수 있다.

⊙ 책장
- ◇ 장르별로 구분하고 책 키순서로 정리한다.
- ◇ 책이 넘어지는 것을 막아주는 북앤드를 활용한다.
- ◇ 빽빽하게 꽂는 것보다 85% 정도만 꽂아 책이 숨 쉴 수 있도록 해준다.

⊙ 거실 서랍장
- ◇ 바구니나 우유팩을 이용하여 다양한 잡동사니를 정리한다.
- ◇ 여러 개의 리모컨을 담는 바구니를 준비하면 잊어버리는 일이 줄어든다.

8장

비운만큼
자유로워지는 삶

· 정윤주 ·

해외 거주 경력만 10년 차! 새로운 나라에 사는 기간이 길어진 만큼 늘어난 짐 처리로 고생했다. 아이와 함께 치앙마이 장기 이주를 결정하면서 나와 한 가지 약속을 했다. 한국어 가뿐하게 복귀하기 위해서 이민 가방 2개만큼의 최소한의 짐으로 가볍게 살아가기. 치앙마이에서도 나의 미니멀라이프는 지속된다. 저서로는 〈승무원 합격 코칭〉과 〈성공한 엄마들의 버리기 기술〉이 있다.

○ 브런치 : brunch.co.kr/@jyjpsw
○ 블로그 : https://blog.naver.com/gogosky22

 ## 내 물건 하나 없지만 편안한 집 :
시드니에서 비자발적 미니멀리스트가 되다

나만의 공간을 갖고 싶었다. 그러나 삼 형제라 나만의 방을 가지는 건 사치였다. 어떻게든 방법을 찾고 싶은 마음이 솟구쳐올 때 목사님의 설교가 지름길을 알려주었다. 청년들은 해외에서 다양한 경험을 하며 살아야 세상을 더 잘 이해할 수 있다며, 망설이지 말고 기회를 만들어보라고 하셨다. 이 말씀을 듣고 우리집에 내 방을 만드는 것보다 해외로 나가 나만의 공간을 만드는 게 더 빠를 거 같다는 생각이 들었다. 그래서 비행깃값을 벌기 위해 과외를 해서 돈을 모았고, 시드니에서 사역하고 계신 목사님과 연락을 한 후 일사천리로 대학교에 휴학 서류를 냈다. 출국 준비를 어느 정도 다 한 후에 엄마에게 선전포고를 했다. 나를 잘 아는 엄마는 생각보다 놀라지 않으셨고 든든한 지원자가 되어주셨다.

여행 가방 하나, 백팩 하나 덜렁 메고 시드니에 도착했다. 어디서 살지 정하지 못해서 목사님 댁에 며칠 머물면서 찾아보기로 했다. 이때는 지금처럼 다양한 숙박 앱이 없었기 때문에 호텔 외에 별다른 방법이 없었다. 적어도 1년 이상 지낼 생각이었지만 나의 공간이 뚜렷하게 정해진 게 아니기 때문에 짐은 최소화했다. 지금 생각해 보면 이때야말로 미니멀리스트였다. 여행 가방 하나에 꼭 필요한 것들만 채웠다. 한국 음식은 아무것도 챙기지 않았고, 영어 공부를 하겠다는 열정으로 다양한 교재만 가방에 넣었다. 누가 보면 3박 4일 여행 가는 수준의 짐이었다. 이렇게 딱 필요한 짐만 챙기다 보니 시드니로 떠나기 전에 정리를 깔끔하게 할 수 있었다.

시드니에 도착 후 교민잡지를 보고 가장 경제적으로 거주 가능한 곳에 연락을 하고 찾아갔다. 시드니에서 가장 저렴하게 지낼 수 있는 방법은 다른 사람과 함께 방을 사용하는 거였다. 감사하게도 한인 가족의 집에서 쉐어를 하게 됐는데 방을 같이 사용하는 분은 호스트 맘의 딸이었다. 방안에 들어가면 두 개의 침대가 있는데 왼쪽이 나의 공간이었다. 오른쪽에는 언니가 사용하는 옷장과 책상 그리고 전화기와 침대가 있었다. 나에게 허락된 공간은 침대와 바로 앞에 놓인 책상이었다. 짐이 없어서 솔직히 정리할 것도 없었고, 옷과 책이 거의 전부였다. 부족한 겨울옷은 집 주변이 있는 중고가게에서 저렴하게 구매해서 입었다.

이때부터 눈치라는 게 생겼다. 세탁 시간과 샤워 시간도 정해져 있었고, 내 집이 아니다 보니 요리보다는 대부분 마트에서 사 온 샐러드와 빵 그리고 우유 위주로 식사를 했다. 언니가 일어날 때 일어나야 했고 언니가 자면 잠이 안 와도 불을 꺼야 했기에, 잠을 제대로 자지 못해서 수업 때마다 피곤했다. 그때 같은 교회를 다니는 동생이 감사하게도 같이 살자고 제안했다. 이 집은 방 2개짜리였고 같은 방에서 동생과 난 한 침대를 쓰고, 다른 방 하나는 한국인 유학생이 사용했다. 동생은 다양한 소품을 이용해서 예쁘게 집을 꾸몄다. 내 공간이 생기니 귀엽고 아기자기한 것들이 있으면 사고 싶어졌지만 재정적인 여유가 없었다. 그러한 연유로 가끔 여윳돈이 생겨도 난 장식품이나 기념품을 사지 않았다. 대신 시드니의 아름다운 모습을 눈에 담아두고 싶어 새로운 곳을 다니며 다양한 국적의 친구들을 만나면서 이곳을 온전히 즐겼다. 그때의 기억은 나의 머릿속에 너무나 소중한 추억으로 남아있다.

재정적인 제약 때문에 물질적으로는 힘들었지만 대신 중요한 것이 무엇인지는 정확하게 알 수 있었다. 돈을 어떻게 사용해야 하는지, 나를 위한 소비가 어떤 건지 스스로 깨달을 수 있었다. 이때가 나를 가장 많이 성장하게 했고, 진정으로 원하는 게 뭔지 가장 많이 생각하게 된 시기였다. 환경적인 제약으로 힘들었지만 나에게 더 집중할 수 있는 시간과 공간을 선물 받았다. 물건으로 둘러싸인 공간이 아니라 딱 나에게 필요한 것들만 있는 아주 작은 나만의 공간이었고, 난 그곳에서 가장 편안하고 행복했다. 온전히 나에게만 집중할 수 있는 '나만의 퀘렌시아*'였다. 혼자서 방을 사용하지 못했지만, 그래도 외국 땅에 나만을 위한 작은 공간이 있다는 것만으로도 참 행복했다.

지금 생각해 보면 난 능동적인 미니멀리스트가 아니라 재정 부족으로 인한 어쩔 수 없는 반강제적 미니멀리스트였다. 하지만 긍정적이고 마음이 풍성했던 이때가 가장 내적으로 단단해졌을 때였다. 다행히도 그때 난 물건에 그리 욕심이 없었고, 집안을 멋지게 꾸미는 데에도 그리 관심이 없었다. 게다가 시드니에서는 워낙 정리할 짐이 없다 보니 지인들과 더 많은 시간을 보낼 수 있었다.

지금 당장이라도 미니멀라이프를 실천하고 싶다면 이런 환경적인 조건을 만들어 보는 건 어떨까? 정리만큼 중요한 부분이 바로 쓸데없는 소비를 줄이는 일이다. 가계부를 쓰면 본인의 소비패턴을 알 수 있어서 현명한 소비를 할 수 있다. 득이 없는 소비를 줄인 만큼 본인만의 공간과 마음의 여유도 늘어난다. 이렇게 계속 미니멀리스트의 삶을 살았어야 했는데 비행을 하면서 돈을 벌고 나만의 공간이 생기면서 내가 몰랐던 소비 성향을 발견했다. 역시 인간은 환경의 동물이다.

---

* 퀘렌시아 : 몸과 마음이 지쳤을 때 휴식을 취할 수 있는 나만의 공간. 안식처.

딱 '반만 나다운' 집:
두바이에서 자발적 맥시멀리스트가 되다

우리나라 IMF 사태는 나의 호주 생활에도 큰 영향을 끼쳤다. 여기서 편입해서 대학을 다니려고 했는데 모두 물거품이 됐다. 대부분의 환전소는 한국 돈을 받지 않았고, 하늘 끝까지 치솟는 환율 때문에 바꿀 엄두도 낼 수 없었다. 이러다가 우리나라가 망할 수도 있겠다는 생각이 들 정도로 두려웠다. 짐이 워낙 없었기 때문에 가볍게 한국에 들어왔지만 마음은 천근만근 무거웠다. 경제가 어려워지니 내 방을 갖는 건 더욱더 힘들어졌고, 집안을 꾸민다는 건 생각조차 할 수도 없었다. 집안 사정이 힘들어지니 열심히 공부해서 장학금을 받아야 했고, 다시 과외로 용돈벌이를 시작했다. 이렇게 비자발적 무소유를 지향하며 더 좋은 날이 올 거라는 희망을 가지고 살았다.

대학교 4학년 때 진지하게 미래를 고민했다. 미국에서 대학원을 다니고 싶어서 토플 공부를 하여 나름 좋은 점수를 만들었지만, 지원 자격이 다 돼도 재정적인 건 채우기가 어려웠다. 막상 이렇게 현실의 벽에 부딪히니 어떻게 하면 외국에서 살면서 돈을 벌 수 있을지를 고민했다. 그 순간 외항사 승무원이라는 직업을 떠올렸다. IMF 외환위기 때 영어면접을 본 후 합격하면 승무원 학원비를 100프로 지원해 주는 해외취업 장려 프로그램이 있었다. 감사하게도 인터뷰에 합격해서 서비스 경험이 전혀 없던 난 1년간 열심히 준비하여 에미레이트 항공에 입사했다.

두바이는 나에게 천국이었다. 20대 후반에 드디어 나만의 방을 가지게 되었다. 처음으로 갖게 된 방을 깔끔하게 정리하고 나니 작은방보다는 넓은 거실을 근사하게 채우고 싶었다. 이란인 룸메이트는 물 담배인 시샤뿐만 아니라 원래 회사에서 제공하는 소파 대신에 본인만의 아랍풍 카우치로 멋지게 거실을 장식해 두었다. 나도 거실 꾸미는 데 일조하고 싶은 마음에 참고 참았던 물욕이 이때 폭발했다. 새로운 곳에 비행을 갈 때마다 거실에 어울리는 아이템을 사다 나르기 시작했다. 넓은 거실을 어떤 물건으로 채울지 고민하는 시간이 행복했다.

그러던 중 룸메이트가 결혼하여 이곳을 떠나게 되면서 채워졌던 공간이 다시 비워지게 됐다. 커다란 아랍풍의 카우치가 빠지니 공간이 텅 비어 보였다. 이때부터 더 공격적으로 물건을 사다나르기 시작했고, 부족한 것보다 넘치는 게 낫다는 생각에 필요이상으로 구매했다. 거실은 하나의 지구 같았다. 한 곳은 케냐 나이로비에서

산 마사이 부족 관련 기념품부터 목재 장기판과 동물 모형으로, 반대쪽은 스리랑카 콜롬보에서 사 온 촛대와 다양한 인센트 스틱들, 그 옆에는 프랑스 파리에서 사 온 에펠탑 모형, 러시아 인형인 마트료시카 등 전혀 어울리지 않은 장식품들로 거실은 넘쳐났다. 나름 나에게는 이렇게 꾸미는 게 내 삶의 행복이며 보람이었고 비행하는 이유였다. 거실은 그냥 기념품을 보관하는 장소였다. 두바이 집에 있는 예쁜 잡동사니를 더 이상 둘 공간이 없으면 서울 집에 분리보관했다. 두바이 집 거실이 정리가 되면 풍선효과처럼 서울 집은 그만큼 복잡해졌다.

두 번째 나의 룸메이트인 태국 친구도 거실을 꾸미는데 아주 열성적이었다. 처음부터 가져온 짐이 정말 많았고, 비행을 다녀올 때마다 거실에는 새로운 것들이 나를 반겼다. 신실한 불교신자인 룸메이트는 불상부터 가지각색의 양초와 염주 그리고 목탁으로 거실을 경건한 절처럼 만들었다. 이때가 겨울쯤이어서 나는 유럽 비행 때마다 크리스마스 마켓에서 아기자기하고 귀여운 크리스마스 장식품들을 사다 날랐다. 신실한 불교신자인 룸메이트와 믿음이 투철하진 않지만 열심히 교회 다니는 크리스천이 함께 하는 종교통합 거실이었다. 그러나 룸메이트는 비행 생활이 조금 힘들게 느껴졌는지 1년도 채우지 못하고 그만두는 바람에 다시 거실의 반이 텅 비워졌다.

세 번째는 싱가포르 룸메이트로, 너무나 착하고 배려 깊은 친구였다. 친구는 거실에 있는 시간이 거의 없었고, 방에서 대부분의 시간을 보냈다. 거실을 꾸미는데 전혀 관심이 없으니 편하게 내가 원하는 스타일로 장식해도 된다고 했다. 이전까지는 거실의 반만 나의 공간이었는데 이젠 두 배로 커졌다. 내방은 딱 필요한 것들만 있어서 호텔 룸처럼 깔끔했지만 거실은 나의 소중한 오브제들로 차곡차곡 쌓여갔다.

이렇게 4년이 흘렀고 대한항공으로 이직을 하면서 단기간에 많은 장식품들을 정리해야 했다. 예뻐서 구매한 용품들은 이젠 처리해야 할 골칫거리가 됐다. 가지고 갈 수 있는 짐의 양은 정해져 있어서 최대한 빨리 정리를 해야 했다. 하지만 새 물건이 아니라서 누군가에서 주기도 미안했다. 지인들에게 필요한 거 있으면 가져가라고 했지만 이런 장식품보다는 생필품에 눈길을 줬다. 나의 비행 생활을 대변하는 오브제들이라 버릴 수도 없었기에, 나름 의미 있는 수집품들은 어떻게든 가져가기로 마음먹었다.

짐을 선박으로 보내서 서울에 온 지 한 달 후쯤에 물건이 도착했다. 서울 집에도 나만의 방이 생겼지만 거실은 이미 부모님의 용품으로 포화상태여서 두바이 짐은 포장된 상태로 그대로 계속 방치됐다. 나의 기린들과 사자들 그리고 크리스마스 장식품들은 그들의 역할을 하지 못한 채 어둠 속에 갇혀있었다. 여러 번 고민하며 신중하게 산 오브제들은 이렇게 나의 기억 속에서 사라져갔다.

'척'하는 집 :
애물단지와 플로리다에서 신혼생활

2년 동안 상자에 갇혀있던 나의 소중하고 의미 있는 장식품들이 드디어 빛을 보게 됐다. 드디어 온전한 나만의 공간이 생긴 것이다. 그것도 한국이 아닌 미국에서. 이젠 내가 원하는 대로 우리집을 꾸밀 수 있다는 생각에 너무 설레었다.

하지만 애물단지들의 무게가 만만치 않았다. 한 명당 23킬로씩 두 개의 캐리어를 가지고 갈 수 있는데 이걸로는 어림없었다. 이미 남편은 미국으로 출국을 한 상황이었다. 원래 부모님은 우리가 신혼집을 꾸미고 난 후 오시기로 했지만, 짐 때문에 고민하는 날 보시더니 후회되지 않게 원하는 거 다 챙겨서 같이 가자고 하셨다. 이렇게 부모님이 도와주신 덕에 거의 100킬로 가까운 짐을 가져갈 수 있었다. 나의 애물단지를 하나도 빠지지 않고 이민 가방에 넣고 나서야 필요한 짐을 챙겼다. 뭔가 앞뒤가 바뀐 느낌이 들지만, 이때 나는 세상을 가진 것처럼 행복했다. 비행을 하면서 전 세계 도시에서 사 온 기념품들로 신혼집을 보기 좋게 꾸밀 수 있다는 생각에 저절로 미소가 지어졌다. 마음속으로 그려왔던 꿈이 현실로 조금씩 다가오는 순간이었다.

일이 너무 순조롭게 진행돼서 뭔가 이상했다. 역시나 좋은 일은 이렇게 연달아 일어나지 않나 보다. 항공사 직원 티켓으로 구매해서 위탁 수화물이 딱 애틀랜타까지만 가능했다. 플로리다 게인스빌까지 위탁 수화물을 다 가지고 오면 초과비용이 어마 무시했다. 고민하며 미국에 있는 남편에게 하소연하니 선뜻 애틀랜타까지 밴을 빌려서 오겠다고 했다. 정신없이 바쁜 남편이 5시간이나 되는 거리를 운전해서 온다고 선뜻 제안을 하니 고마울 뿐이었다. 만약 지금의 나라면 절대 이런 터무니없는 선택을 하지 않았겠지만 그때의 난 전혀 이성적이지 않았다. 애물단지 때문에 차량 렌트비뿐만 아니라 남편은 저녁에 잠도 못 자고 굳이 안 해도 되는 고생을 했다.

이제는 정말 내가 원하는 공간이 생겼다. 방 2개 그리고 화장실 1개 큰 거실과 부엌까지, 정말 마음에 쏙 들었다. 하지만 가구는 침대와 책상 외에는 아무것도 없었다. 문제는 이제부터 시작이었다. 나의 오브제들을 위한 진열장과 선반을 사야 했기에, 바로 집에 도착한 다음날 2시간을 달려 올랜도에 있는 이케아에 갔다. 다양하고 아기자기하게 꾸며진 멋진 인테리어를 보면서 우리집도 이렇게 근사하게 만들고 싶은 생각에 한 순간에 지갑이 열렸다. 남편은 최대한 내가 원하는 걸 해주고 싶었는지 어떤 선택을 해도 반대하지 않았다.

생각해보면 30살이 넘어서야 나는 온전한 공간을 가지게 되었다. 누군가의 눈치를 보지 않고 산다는 게 얼마나 감사한지 난 어렸을 때부터 경험했다. 아빠 사업이 어려워서 한동안 지방에 계셨을 때는 달랑 두 개 있는 방 중 하나를 세준 적도 있다. 삼 남매와 엄마 이렇게 4명이 한방에서 잤다. 그 좁은 방에 책상 세 개가 있었고, 짐을 다 쑤셔 넣으면 딱 누울 공간만 남았다. 5명이 1개의 화장실을 사용했기 때문에 최대한 눈치껏 빨리빨리 움직여야 했다. 이런 어려움과 아픔이 나를 일찍 철들게 했고, 덕분에 나만의 공간을 만들기 위해서 최선을 다해 일했다.

남편과 나의 신혼집이지만 지금 생각해 보면 남편의 물건은 거의 없었다. 그 공간을 온전히 차지하고 있는 건 대부분 내 물건들이었다. 공간에 대한 집착 때문에 여백은 용납할 수 없었다. 나에게 의미 있는 물건들로 채워야지만 내 공간으로 느껴졌다. 가지각색의 오브제들이 큰 거실에 하나씩 진열되면서 그제야 나만의 공간이 완성됐다. 건축 전공인 남편은 공간 활용을 어떻게 해야 하는지 그 누구보다도 잘 알고 있었지만 신혼 때였던 만큼 온전히 나에게 맞취주었다. 지금 생각해 보면 그 공간은 인테리어 테마 따위는 없는 애물단지 집합소였다. 단지 욕심으로 만든 답답한 공간이었다.

　많은 시간과 노력을 투자해 만든 나만의 컬렉션 박물관이 제대로 실력을 발휘했을 때는 집들이했을 때, 딱 그 순간뿐이었다. 다양한 장식품에 관심을 가진 손님들에게 어디 나라에서 샀는지와 물건의 히스토리를 얘기하면서 그 순간을 즐겼다. 나를 위허 이 물건을 가지고 온 것보다는 남들에게 보여주고 싶었던 욕심이 컸던 거 같다. 이런 공간에 대한 집착은 한 달이 지나니 무뎌졌다. 지인들도 더 이상 이 물건에 대해 궁금해 하지 않았고, 나 또한 관심이 시들어져 갔다. 이렇게 나의 애물단지들은 또다시 버려졌다. 다른 곳으로 이사를 하게 되면서 가장 애정하는 물건들 몇 가지간 진열하고 나머지는 다시 상자 속에 보관했다. 그러다가 딸 니엘이가 태어나면서 아이 용품들로 집안을 채우면서 어쩔 수 없이 남아있던 장식품들도 상자 속으로 사라졌다. 놀라운 건 그 이후 난 이 상자를 연 적이 없으며, 벌써 14년 전이다. 상자 그대로 미국에서 한국으로 다시 가져왔고, 사정상 시부모님과 함께 살게 되면서 그 상자는 친정 집에 보관해 두었다.

　이제는 어떤 물건들이 상자에 들어있는지조차 기억이 안 난다. 마음은 멀어졌지만 사랑했던 추억 때문에 애인을 잊지 못하는 것처럼, 이제는 더 이상 의미가 없지만 나의 시간들을 머금고 있는 오브제들을 쉽게 떠나보낼 수 없었다.

왜 이렇게 물건에 집착을 했을까 생각해보면 기념품이 여행지에 대한 기억을 특별하게 만들어주는 매개체라고 믿어서였다. 구매하고 싶은 욕구를 그럴듯한 변명으로 매번 스스로를 설득했다. 자질구레한 기념품을 사는 대신 실용품을 샀으면 잘 사용했을 텐데 말이다. 이런 쓰라린 과거 덕분에 이제는 여행을 가더라도 기념품 하나 사지 않는다. 최대한 아름다운 풍경을 눈에 담으려 노력하고, 그곳에서만 경험할 수 있는 다양한 활동에 참여하려고 한다. 물건에 의미를 부여하지 않고 이제는 경험에 우선순위를 두며, 그때의 감정을 글로 담아내려고 노력한다. 순간순간의 감정들을 사진과 함께 글을 쓰며 간직한다. 그러면 항상 그 행복한 순간과 함께 하게 된다.

행복했을 때보다 마음이 아프면 물건에 더 집착하게 된다. 평안한 마음을 위해 긍정적인 사고로 삶을 바라보는 연습이 필요하다. 매일 3가지씩 감사한 일을 적어보는 걸로 시작해 보는 건 어떨까! 그러면 공간을 물건으로 가득 채우지 않고도 감사하는 마음을 챙길 수 있다.

'거품 가득 찬' 집 :
나만의 공간은 어디일까?

　미국에서 입국하자마자 시댁에서 지내게 되면서 당장 필요한 용품만 꺼내놓고 장식품 같은 잡동사니들은 모두 상자 그대로 친정에 갖다 두었다. 우리 가족이 함께 지낼 방이 생각보다 좁아서 침대도 놓지 않기로 하고, 옷부터 쭉 정리한 다음, 딸을 위한 놀이 기구와 장난감을 정리했다. 딸이 태어난 지 1년도 되기 전이라 아이 용품이 넘쳐났다. 우리집이라면 거실을 마음껏 사용해도 되지만 시부모님과 함께 쓰는 공간이라 최대한 방안에 아이 용품을 두려고 했다. 하지만 방 하나에 가족 3명의 짐을 다 놓기엔 역부족이었다. 어머님이 먼저 눈치채시고 거실에 손녀가 놀 수 있도록 놀이매트를 깔고 덩치가 큰 놀이 기구들을 거실에 옮겨주셨다. 이렇게 많은 부분을 배려해 주셨지만 우리 가족끼리 살다가 시부모님과 함께 살다 보니 신경 써야 할 부분이 많았다. 모유 수유 중이라 행동이 자유롭지 않았고, 시부모님이 거실에서 대부분의 시간을 보내셨기 때문에 나는 방 안에 있는 경우가 많았다.

바로 일을 시작하게 되면서 직장이 친정과 가까워서 딸과 함께 거기서 지내기로 했다. 이제야 조금 마음이 놓였다. 엄마는 손녀가 온다고 아이가 좋아할 만한 장난감을 사주셨고, 발이 넓은 엄마 덕분에 지인분들에게 인형과 책들을 선물로 많이 받았다. 주중에는 친정에서, 주말에는 시댁에서 보내면서 아이의 짐은 두 배로 늘었다. 아이의 짐이 얼마나 늘었는지, 집에 뭐가 있는지 전혀 신경 쓰지 못했다. 1년 넘게 이렇게 시댁과 친정을 왔다 갔다 하며 살다가 드디어 우리만의 공간을 가지게 됐다. 이때서야 아이의 물건이 얼마나 많은지 실감이 됐다. 친정에 있는 건 가지고 올 생각조차 할 수 없었다. 우리만의 공간이 생기긴 했지만 전에 살았던 집보다는 훨씬 작아서 많은 양의 짐을 정리해야만 했다.

아이가 어렸을 때 사용한 물건들은 우리 가족에게 소중해서 간직하고 싶었다. 물건 하나하나에 의미를 각인하는 순간 그들에게 벗어날 수 없다는 걸 그때는 몰랐다. 난 단지 아이가 우선순위인 만큼 아이의 물건도 중요했다. 매년 아이가 자랄 때마다 아이의 손길이 스쳐간 물건을 몇 가지씩이라도 가지고 있고 싶었다.

온 집안이 아이의 책과 용품으로 둘러싸였을 때가 돼서야 이젠 뭔가 확실한 조치를 취해야만 한다는 생각이 들었다. 아이에게 필요하다고 생각되는 건 바로 구입하다 보니 어디를 둘러봐도 내 공간은 없었다. 특히 워낙 책을 좋아하는 나에게 아이의 책은 무엇보다도 중요했다. 무조건 아이의 눈에 책이 보이게끔 하려고 노력했다. 그러다 보니 온 집안이 감당하지 못할 정도로 책으로 가득 찼다. 이건 우리 가족을 위한 집이 아니라 딸을 위한 공간일 뿐이었다. 우리 부부의 공간은 컴퓨터가 있는 책상뿐이었다. 일이 없을 때는 쉴 수 있는 편안한 집이 있는데도 불구하고 아이가 유치원에 가면 물건으로 가득 차 있는 집이 답답해서 바로 밖으로 나왔다. 나만의 공간이 없다 보니 조용한 카페에서 커피 마시며 책을 읽는 시간이 편했다. 집에 있으면 주변을 둘러보다가 조금이라도 지저분하면 집을 정리하기 바빴다. 전혀 집중할 수가 없었다. 워낙 물건들이 많으니 한번 정리하고 청소하기 시작하면 몇 시간은 금방 가서 내 시간을 가질 수가 없었다. 집을 벗어나는 게 나만의 시간을 사수할 수 있는 유일한 방법이었다. 나에게 집은 단지 우리 가족이 살고 있는 주소를 제공하는 곳일 뿐이었다. '편안하게 쉴 수 있는 집'이라는 공간의 의미는 나에게 점점 퇴색되어 갔다. 나에게 진정한 휴식공간은 심플한 인테리어로 꾸며진 조용한 피아노 연주가 나오는 카페였다.

하지만 더 이상 카페로 탈출할 수가 없었다. 2020년 2월 코로나 바이러스로 외출이 통제되면서 더 이상 도망칠 곳이 없었으며, 방법은 딱 한 가지밖에 없었다. 집을 카페처럼 편안한 공간으로 만들어야 했으며, 그러기 위해선 일단 비우는 것이 우선이었다. 아이가 보지 않는 책과 작아서 입지 못하는 옷들 그리고 어렸을 때 사용한 장난감들을 더 이상 집안에 둘 수 없었다. 코로나19는 분명 삶을 숨 막히게 했다. 하지만 이렇게 힘들고 괴로운 순간을 살아내기 위해 나를 필사적으로 움직이게 만들어서 나의 숨통을 틔어주는 계기가 되었다.

'이제 네가 갈 곳은 집밖에 없으니까 제발 좀 버려. 네가 가장 행복하게 있어야 할 공간은 카페가 아니고 집이라고!'

정신이 번쩍 들었다. 미니멀라이프에 대한 정보를 찾기 시작했다. 어떻게 해야 물건에 집착하지 않고 꼭 필요한 최소한의 물건들로 만족하며 즐겁게 삶을 추구할 수 있을지 고민하며, 방법을 적고 지우기를 반복했다. 다행히도 이때쯤 미니멀라이프에 대해 사람들의 관심이 많아지면서 다양한 책들을 접할 기회뿐만 아니라 유튜브로 양질의 강의도 들을 수 있었다. 하지만 딱 그 순간뿐이었다. 솔직히 혼자서 해낼 자신이 없었다. 나를 잡아줄 무언가가 필요했다. 간절함으로 다양한 정보를 찾다가 내 인생을 변화시켜준 슬로우 미니멀라이프 카페를 만나게 됐다. 하루에 한 개씩 비우며 인증할 수 있도록 서로에게 동기부여를 주는 모임이었다. 혼자 하면 흐지부지해질 수 있지만 이렇게 함께라면 잘해낼 수 있다는 확신이 들었다. 나에게 절실하게 필요한 카페였고, 2020년 3월 26일 가입

후 하루에 한 개씩 비우는 삶이 시작됐다. 그리고 이날부터 비우는 진정한 즐거움을 알게 되었다.

물건에 집착하는 원인 중 한 가지는 과거에 대한 후회가 크다. 후회가 큰 만큼 과거의 무게는 무겁다. 놓아줘야 하는데 그러지 못하고 그 무거운 무게를 계속 지고 가다 보면 우린 현재를 즐길 수 없다. 내가 가장 좋아하는 책 중에 〈새는 날아가면서 뒤돌아보지 않는다〉에 이런 구절이 있다.

'과거를 내려놓고 현재를 붙잡는 것이 삶의 기술이다. 오래전에 놓아 버렸어야만 하는 것들을 놓아버려야 한다. 그다음에 오는 자유는 무한한 비상이다. 자유는 과거와의 결별에서 온다. 내려놓을수록 자유롭고, 자유로울수록 더 높이 날고, 높이 늘수록 더 많이 본다. 가는 실에라도 묶인 새는 날지 못한다.'

'Here and Now'에 집중하기 위해서는 물건에서 자유로워야 한다. 그러니 물건을 지키려고 신경 쓰는 시간에 나 자신을 알아가는 시간을 가지는 건 어떨까. 그럼 현재의 순간을 더 사랑하고 소중하게 느끼게 될 것이다.

23킬로에 채워진 나의 작은 세상 : 진정한 미니멀리스트가 될 수 있을까?

코로나 때문에 미뤄졌던 치앙마이 한 달 살기를 작년 2023년 1월에 하면서 소소하고 단순하게 자연과 함께 살아가는 삶의 기쁨을 알게 됐다. 딸도 이곳에서 즐겁게 학교를 다니며 친구들과 수영하며 재밌게 놀았다. 치앙마이 라이프가 만족스러웠던 딸은 진지하게 대화 요청을 했다. 치앙마이에서 학교를 다니고는 싶은데 중학교 생활만큼은 한국에서 꼭 해보고 싶어서 고민이 된다고 했다. 솔직히 해외에서 학교를 다니는 건 아주 중대한 결정이다. 일단 중학교 입학 후 생각해 보기로 했는데 딸이 학급회장을 하며 즐겁게 지내면서 유학 이야기는 쏙 들어갔다. 하지만 태국과 유학의 장단점을 적어가며 심사숙고한 딸은 2학기부터 치앙마이에서 학교를 다니겠다고 했다.

이제는 한 달 살기가 아니라 장기간 거주해야 하기 때문에 챙겨야 할 것들이 많았다. 하지만 위탁 수화물은 인당 23킬로, 기내에는 10킬로까지 허용돼서 이 정도에 맞춰 짐을 챙기고 싶었다. 물론 추가 비용을 내면 되지만 그렇게까지 하고 싶지는 않았고, 이김에 집안 정리를 제대로 하고 싶었다. 이렇게 우리 모녀에게 66킬로가 주어졌다. 생필품과 상비약 그리고 부엌용품을 20킬로 안에 채우고, 각자 필요한 것들을 이민 가방에 담기로 했다. 먼저 필요한 물품 리스트를 만들어 정리했다. 꼭 필요하고 중요한 물건에 집중하니 어떤 것들을 비워야 할지 명확해졌다.

세계적인 정리 컨설턴트인 곤도에 마리의 '정리의 기술'에서 이런 구절이 눈에 들어왔다.

"나는 무엇에 설레고, 무엇에 설레지 않는가?' 이 세상에 태어난 '나' 라는 사람이 '무엇에 설레는가'를 판단하는 것은, 자신이 어떤 사람인지를 파악하는 중요한 계기가 될 수 있다. 이는 우리의 생활, 아니 인생을 설레게 하는 원동력이 된다."

정리는 나에 대해서 알아가는 시간을 선물한다. 내가 좋아하는 게 뭔지, 그리고 내가 어떤 물건과 많은 시간을 함께 하는지를 물건을 정리하며 알아갈 수 있다. 처음에 미니멀라이프를 실천하면서 작가가 말한 설렘이 어떤 의미인지 이해하기 어려웠다. 하지만 정리를 꾸준히 하면서 이제는 구별할 수 있게 됐다. 정리는 전문가가 가이드라인을 정해주며 도와줄 수는 있지만, 어떤 물건을 비우지 않고 두어야 할지 결정하는 건 물건과의 교감이 가능한 오직 자신만이 가능하다. 정리는 버리는 게 목표가 아니라 어떤 물건을 내

옆에 두고 싶은지 선택하는 과정이다. 내가 원하는 환경을 스스로 만들며 설렘 가득한 인생을 살기 위해서는 비우며 정리하는 삶이 일상이 되어야 한다.

　장기간 나와 있어야 하기 때문에 꼭 필요한 주방용품만 남기고 정리했다. 남편이 지방 출장이 많아서 전자레인지를 제외하고 밖에 나와 있는 그릇이나 컵 등이 없도록 최대한 수납장에 가지런히 정리했다. 이제야말로 딱 필요한 것들만 남길 순간이 왔다. '언젠가' 라는 단어는 이제 나의 머릿속에서 지워야 했다. 나중에 필요할 수 있다는 생각에 비우지 못하고 가지고 있던 접시와 그릇들이 많았다. 우리 가족이 좋아하고 자주 사용하는 것들만 선반에 두고 사용하지 않는 용품은 모두 꺼냈다. 구석에 모아두었던 한 번도 사용하지 않은 식기는 꼭 필요한 분들이 사용하기를 바라는 마음으로 아름다운 가게에 기부했다.

　이제는 아이가 더 이상 사용할 수 없는 전자 피아노와 자전거도 우리집에 있을 이유가 없었다. 피아노는 아이에게 애정이 깃든 분신과도 같았다. 니엘이가 7년 전 피아노를 배우기 시작하면서 외할머니가 선물해 주신 거라 의미가 남달랐다. 게다가 콩쿠르 준비할 때 많은 시간을 함께 하며 대상을 두 번이나 받아서인지 니엘이는 피아노를 간직하고 싶어 했다. 하지만 딸이 없는 공간에 피아노는 아무런 의미가 없었다. 어떻게 해야 니엘이의 마음을 움직일 수 있을까 고민했다. 아이가 피아노를 치는 걸 보고 조카가 배우고 싶다고 말한 게 생각나서 동생에게 피아노가 필요한지 물어보니 조만간 살 계획이었다고 했다. 선물하기 딱 좋은 타이밍이었다. 조카는 언니가 피아노를 준다며 고마워했고, 니엘이는 사촌 동생에게 주면 할머니도 좋아하실 거라며 기뻐했다. 딸은 가장 좋아하는 곡을 연주하고 나서 피아노에게 감사 인사를 하며 작별하는 시간을 가졌다.

자전거도 선물 받았지만 탄 적이 몇 번 없어서 중고거래 사이트에 올렸고 판매한 금액으로 여기 오기 전 외식비용으로 사용했다. 덩치가 큰 물건들을 정리하니 공간은 더 넓어졌다. 물건 하나하나 우리집을 떠날 때마다 아쉽기보다는 감사하고 후련했다.

이제는 내 물건들을 정리하기 위해 집중했다. 먼저 옷 정리를 했다. 치앙마이는 연말과 연초에만 가을처럼 시원하고, 대부분 덥기 때문에 여름 옷 위주로 챙겼다. 슬미프(슬로우 미니멀라이프 모임)를 시작하고 나서 일 년에 한 번씩 옷 정리를 했지만, 이번에도 만만치 않게 시간이 들었다. 의류 같은 경우는 그곳에 가서도 필요하면 구매할 수 있기 때문에 자주 입는 편안한 옷을 기준으로 챙겼다. 의류나 가방 그리고 신발도 최소한으로만 챙겼다. 솔직히 가방이 여러 개 있어도 매번 사용하는 것만 매기 때문에 어떤 것을 선택할지 고민할 필요도 없었다. 가방은 배낭과 크로스백 그리고 신발은 운동화와 샌들 한 켤레씩 챙겼다.

이곳은 비행기로 한국에서 6시간이나 걸리는 먼 거리이기 때문에 원하는 걸 한국에 가서 바로 가져올 수 없다. 치앙마이에서 구할 수 없는 것들 그리고 내가 꼭 가져가야만 하는 우선순위, 즉 나에게 소중한 것들을 잘 챙겨야만 했다. 가장 먼저 떠오른 것은 책이었다. 책을 읽으며 좋아하는 구절을 필사하는 모닝 루틴을 여기서도 하기 위해서는 책이 필요했다. 물론 이북으로도 가능하지만 종이책이 주는 따뜻한 느낌은 따라올 수 없다. 책은 무게가 많이 나가는 편이라 신중하게 결정해야 했다. 일단 좋아하는 구절이 형광펜으로 곱게 칠해져 있고 중간중간 내 생각을 적은 메모로 채워진 책으로 추렸다. 드디어 나의 흔적이 묻어있는, 언제든지 읽어도 좋은 인생 책 10권을 선택했다. 가족과 같이 든든하고 안정감을 주는 책은 가져가고, 좋아하는 작가의 신간은 이북 리더기로 읽기로 결정하고 나니 책을 정리하기가 훨씬 수월해졌다. 깨끗한 책들은 중고서점에 팔거나 지인들에게 선물했다.

이제는 아이의 책을 정리해야 했다. 아이는 고민의 시간이 짧았다. 문제집과 책 3권만 가져가고 나중에 읽고 싶은 책은 이북으로 읽겠다고 했다. 작년에 책을 정리하면서 나중에 읽어도 좋을 거 같은 전집은 버리지 않았는데 아이가 한 번도 보지 않았다고 해서 모두 필요한 분에게 드렸다. 책들이 이렇게 집에서 잠자고 있는 것보다 필요한 아이와 함께 하면 책의 가치는 더 빛을 발할 수 있다. 책을 정리하니 준비해야 하는 일의 반은 끝낸 기분이었다.

필요한 용품을 신중하게 생각해서 23킬로 안에 채우는 과정을 통해 나의 인생을 재점검할 수 있었고 나 자신과 더 친해질 수 있었다. 이렇게 환경적인 조건을 설정해서 스스로 물건을 정리하는 시간을 매년 가진다면 나중에는 배낭 하나로도 가능하지 않을까? 빈손으로 왔다가 빈손으로 가는 인생이다. 이렇게 정리하고 비우며 산다면 인생의 마지막에 가장 중요한 물건만 내 손에 고이 놓여있지 않을까. 죽기 전 나에게 가장 중요한 것을 알고 간다면 얼마나 마음이 편안하고 행복할까. 이런 삶을 위해 물건을 비우며 아름답게 인생을 채워나가고 싶다.

'별거 없는' 나다운 집 :
치앙마이에서도 미니멀라이프는 계속된다

'Less is more. 적은 것이 풍성한 것이다.'

이제는 제대로 실행할 수 있는 환경이 주어졌다. 미국에서의 실수를 반복하지 않기 위해 최소한의 짐만 가져왔다. 이제부터는 두바이에서처럼 집안을 꾸미기 위해 매번 새로운 아이템을 구매하지 않아야 한다. 치앙마이 보금자리를 더 이상 필요 이상의 물건으로 채워서는 안 된다. 이제는 진정한 미니멀리스트가 되기 위해 어느 정도 훈련이 되었다고 생각한다. 여기에 가져온 짐 이상 절대 한국에 가져가지 않을 거다. 가능하다면 이민 가방이 아니라 딱 캐리어 2개만으로 한국에 돌아가고 싶다.

지금 딸과 방 한 개가 있는 콘도에 거주하고 있다. 기본적인 가구와 가전용품인 냉장고, 세탁기 그리고 전자레인지 등이 구비되어 있다. 티브이가 있지만 한 번도 사용하지 않았다. 텅 비어있는 거실을 보니 마음이 편안해졌다. 한국에서의 집은 일어나면 사방이 물건으로 둘러싸여 있었는데 여기는 탁 트인 공간 덕분에 창문

너머로 푸른 산이 먼저 눈에 들어온다. 이전에 나였으면 저 공간을 어떻게 채울지 고민하며 쇼핑했을 텐데 지금은 그렇지 않다. 특히 여기 치앙마이는 가지각색의 시장이 많다. 마켓을 가면 눈길을 끄는 예쁘고 귀여운 수공예품이 넘쳐난다. 게다가 가격이 한국보다 훨씬 저렴하기 때문에 유혹을 이겨내기가 쉽지 않다. 이전이었다면 일단 사고 봤을 거다. 내가 사용하지 않으면 누군가에게 선물을 주면 되고, 한국보다 싸게 사는 거라며 나름 이성적인 판단을 한 스스로에게 만족해하면서 말이다.

하지만 복병이 있다. 바로 딸 니엘이다. 지금 딱 자기만의 공간을 꾸미기 좋아할 나이다. 요새 틈만 나면 쇼핑앱을 구경하며 이것저것 나에게 보여주며 강아지 같은 귀여운 눈빛으로 나를 쳐다본다. 옷부터 시작해서 가방 그리고 액세서리까지 다양하다. 새롭게 여기에서 시작하니 멋지게 집을 꾸미고 싶다면서 인테리어 아이템을 줄줄 얘기했다. 이런 용품들은 처음에는 좋지만 나중에는 잡동사니가 될게 분명하기 때문에 여기에 돈을 쓰기가 너무 아깝다. 하지만 딸은 아직 내 말의 의미를 이해하기 어렵다. 이런 부분을 조금이라도 보완하고자 아이가 사고 싶은 물건 3가지를 선택하면 먼저 왜 사야 하는지 이유를 말하게 하고 우선순위를 물어보며 생각할 시간을 가지게 한다. 필요 이상의 소유와 소비를 하지 않는 게 중요하다는 것을 생활을 통해 알려주려고 노력한다. 3가지를 다 산다고 한들 분명 쓰지 않은 물건들이 곧 생기고 바로 쓰레기통으로 직진한다는 게 눈에 선명하게 보이기 때문이다.

환경보호를 위해 쓰레기를 조금이라도 줄이려면 사기전에 한 번만 더 생각해 보면 된다. 정말 필요한 것인지 아니면 잠깐의 기쁨과 편의를 위해서인지 말이다. 조금이라도 편안하게 살기를 원하게 되면 소비는 끝이 없다. 세상은 끊임없이 고객을 자극하면서 창의적이고 편리한 새로운 물품을 계속 만들어낸다. 아주 작은 불편을 감내하기보다는 손쉬운 소비를 선택하고, 이런 생활방식이 익숙해지면 소비에 가속도가 붙는다. 소유욕이 강해지면 물건에 집착하게 되고, 물건을 사기 위해 많은 시간과 노력을 투자한다. 하지만 문제는 소유욕을 멈추기 어렵다는 사실이다.

한동안은 아이가 학교에 가면 혼자서 장을 봤다. 소유욕은 눈에 보이는 순간 생기기 때문에 최대한 그런 환경을 만들지 않도록 신경 썼다. 하지만 친구들이 가지고 다니는 귀엽고 아기자기한 액세서리나 물건을 보면 사고 싶어 했다. 당연히 아이의 마음을 공감한다. 하지만 엄마로서 그런 소유욕을 가치 있는 경험으로 채워주고 싶었다. 물건에 돈을 쓰기보다는 자기 자신을 위한 현명한 소비를 하기를 바랐다. 자본주의 세상에 살고 있지만 아이에게는 소중한 경험을 바탕으로 하는 행복을 전해주고 싶었다. 먼저 아이가 가장 관심 있는 분야에 대해서 생각했다. 아이는 피아노 연주하는 걸 좋아해서 여기서 새로운 마음으로 레슨 받는 건 어떤지 물어봤다. 딸은 좋은 생각이라고 하면서 학원에 다니겠다고 했다. 학교에서는 기타를 배워서 딸이 원하는 기타를 선물했다. 음악 학원에서 선생님의 바이올린 연주를 듣더니 소리가 마음을 편안하게 해준다며 이 악기도 배우고 있다. 이렇게 배우며 경험하는데 돈을 쓰는 건 언제든지 환영한다. 이제는 아이가 쇼핑앱에 정신을 뺏겨 시간과 돈을 소비하기보다는 자기가 진정 원하는 것이 뭔지 찾기 위해 집중하며 다양한 경험을 통해 성장하기를 바란다.

아이가 'Less is More'의 의미를 깨달은 일이 있었다. 학교에서 우리집이 가깝다 보니 친구들이 자주 놀러 오는 편이다. 처음에는 우리집에 아무것도 없어서 달가워하지 않았는데 친구가 한 말 덕분에 이제는 친구들이 우리집에 오는 걸 좋아하게 됐다.

"우와, 너네 집 정말 넓고 깨끗해서 놀기 정말 좋은데! 우리집도 이랬으면 좋겠다."

아이는 친구가 한 말을 전해주면서 우리집이 아주 심플하고 깔끔해서 친구들이랑 놀기엔 안성맞춤이라며 이 공간이 좋아졌다고 했다. 워낙 살림살이와 장식품이 없어서 놀 때 떨어트리거나 깨질까 봐 전혀 걱정할 필요가 없다. '별거 없는' 우리집이 최고라며, 이 일 이후론 집 꾸미기엔 그리 관심을 두지 않는다. 대신 아이는 집안을 깔끔하게 정리하는 습관이 생겼다. 아이가 놀기에 집중하기 위해서는 복잡한 물건에서 해방되어야 한다는 것, 심플한 것이 최고라는 걸 알게 된 소중한 시간이었다.

사방이 물건으로 꽉 차 있으면 답답하고 생각도 정리되지 않는다. 스트레스 받거나 일이 잘 풀리지 않을 때는 먼저 주변을 정리하는 게 우선순위다. 치앙마이에서 내가 원하고 바라던 단순한 삶을 살고 있다. 여기 온 지 100일이 조금 넘었다. 구매한 건 생필품 외에 아이 생일날 선물한 고무나무 화분과 하이킹을 위한 운동화와 배낭 그리고 전자제품은 에어프라이어가 전부다. 이제는 딸과 옷을 같이 입어서 내 옷을 구매하기보다는 니엘이가 원하는 옷을 사준다. 이렇게 소비습관을 바꾸다 보니 여전히 거실은 커 보인다. 굳이 없어도 되는 물건으로 거실을 채우고 싶지 않다. 단순함이 얼마나 마음의 평안을 주는지 알기 때문이다.

심플 라이프, 즉 미니멀라이프는 주변 정리부터 시작한다. 게다가 이걸 계기로 힘들고 지치게 하는 대인관계와 복잡한 생각, 그리고 부정적인 감정에서 멀어지게 된다. 단순한 삶이 주는 행복은 중독성이 강하다. 행복한 삶을 원한다면 방법은 간단하다. 일단 일어나서 주변을 정리하면 된다. 그리고 매일 반복하면 된다. 단순한 삶이 주는 행복을 모두가 느끼며 만끽하게 되길 바란다.

미니멀라이프로 꿈꾸는 나의 인생

2024년 4월 10일 초판 인쇄
2024년 4월 20일 초판 발행

펴낸이	김정철
펴낸곳	아티오
지은이	임희빈, 김은정, 김현아, 이세경, 이영미, 임영신, 장연애, 정윤주
마케팅	강원경
표 지	김지영
편 집	이효정
전 화	031-983-4092~3
팩 스	031-696-5780
등 록	2013년 2월 22일
정 가	18,500원
주 소	경기도 고양시 일산동구 호수로 336 (브라운스톤, 백석동)
홈페이지	http://www.atio.co.kr

* 아티오는 Art Studio의 줄임말로 혼을 깃들인 예술적인 감각으로 도서를 만들어 독자에게 최상의 지식을 전달해 드리고자 하는 마음을 담고 있습니다.
* 잘못된 책은 구입처에서 교환하여 드립니다.
* 이 책의 저작권은 저자에게, 출판권은 아티오에 있으므로 허락없이 복사하거나 다른 매체에 옮겨 실을 수 없습니다.